災害の住宅誌

——人々の移動とすまい

牧　紀男

災害の住宅誌

人々の移動とすまい

京都大学防災研究所
牧　紀男
Maki Norio

鹿島出版会

●本書は「財団法人住宅総合研究財団」の二〇一〇年度出版助成を得て出版されたものである。

はじめに

「災害」についての研究を行うようになったのは、一九九〇年代のはじめからであり、ほぼ二〇年が経過している。最初に災害の調査を行ったのは、一九九二年インドネシア・フローレス島の津波災害であった。この災害では「移動する民」（漂海民）として有名なバジャウの人々が津波による被害を受け、海辺の集落は津波に対して危険だからという理由で、丘陵地帯に建てられた再定住地へと移住させられた。災害に見舞われると地域を再建するために「移動することもある」のだ、というのが当時の印象であった。次の調査対象は、一九九〇年に突如として噴火活動をはじめた長崎県・雲仙普賢岳の噴火災害である。今年は一九九一年の大火砕流の被害から二十周年を迎えるのであるが、火砕流・土石流の被害を受ける可能性がある地域に警戒区域が設定され、被害の有無に関わらず、警戒区域に住む人々はすまいを移動することになった。その後、一九九三年北海道・奥尻島津波災害、そして一九九五年阪神・淡路大震災と、災害調査を行ってきたのであるが、どの災害でも災害に見舞われた人々は、好むと好まざるに関わらず、また期間の長短はあれ、すまいの移動を余儀なくされてきた。海外で発生した災害の場合、生活を含めたすまいの「移動」という現象はより顕著となる。一九九九年トルコ・マルマラ地震災害では、地盤の悪い場所から高台の地盤の良い場所へと、「都市の移動」が行われ、近年発生したインド洋地震津波・ハリケーン・カトリーナ災害でも多くの人々が、「すまいの移動」を行っていた。さまざまな災害事例を見るうちに「一度災害に見舞われても、すまいを移動しない、また、同じ場所で再建する、ということは幻想ではないか、一方で、災害は人々が移動する契機になっているのではないか」という、大胆でかつ少々粗野とも受け止められることを考えるようになってきた。実は、この本はこの「災害に見舞われると人は移動するのだ」という筆者の狙う仮説を確認することも視野に入れ、その検証のために書かれたものである。

本書のタイトルは『災害の住宅誌』である。まず、そもそも「災害」とは何なのかということを理解する必要がある。「災害」が発生するのは、人間がそこに住んでいるからである。地震・大雨といった自然現象はあくまで災害を発生させるトリガー(trigger)であって、人が住んでいない砂漠の真ん中で大地震が起こっても「災害」とはならない。「災害」とは自然現象ではなく社会現象なのである。また、何をもって災害と考えるのかは場所によって異なる。毎年雨期になると湖が増水し、道路が水に浸かってしまうような地域が世界には多く存在する。日本では「災害」と呼ばれるその現象をその地域に住む人々が「災害」と考えるかどうかは疑わしい。「災害」の閾値は「文化的」なものなのである。そういった文脈で考えると「災害に見舞われたら移動するのだ」ということを文化の中に組み込んでおくことで、災害後に「移動することと」を当然だと思えるようになるのではないのか、とも考えられる。「常ならざる」ことを良し、とする日本のすまいの姿は、案外にも自然災害が多い日本で生まれた文化なのかもしれない。地震活動期の日本で生きる上ですまいは「常ならざるものである」という感覚および認識を持つということは、これからの社会を生き抜くためにも、また、大災害を生き抜くためにも重要なことであると、あえて考えるのである。

この本を執筆している途中二〇一一年三月一一日に、国内発生では近年の地震災害の中では最大規模となる東日本大震災が発生した。第七章においては、この「東日本大震災」について、数度の現地視察も含めていろいろと考えたことを整理しつつ、許された時間内で急遽とりまとめたものである。この災害では、地震・津波、地盤沈降、大規火災といった被害に加え、これまでに経験したことがない原子力発電所の重大事故も発生している。さまざまな情報が現地から発信され、事態が推移してゆく中で執筆した文章であり、将来的には部分修正を要することも十分に考えられる。

特に、東日本大震災では死者および行方不明合わせて三万人にも及ぶ大規模な被害が発生している。先ずは、被害を受けられた方々に対し、心より追悼の意を表したい。そして当然のことながら、災害に備える上で最も重要なことは、「命を守る」という命題である。しかしながら、生き残った人にとっては災害からどのように立ち直ってゆくのか、また今後の発生が予想される地域および事象への対応・対策が求められるのである。

本書の内容が、少しでも東日本大震災で被災した方々の再建へのご参考になればと、真心より思う次第である。

筆者記す

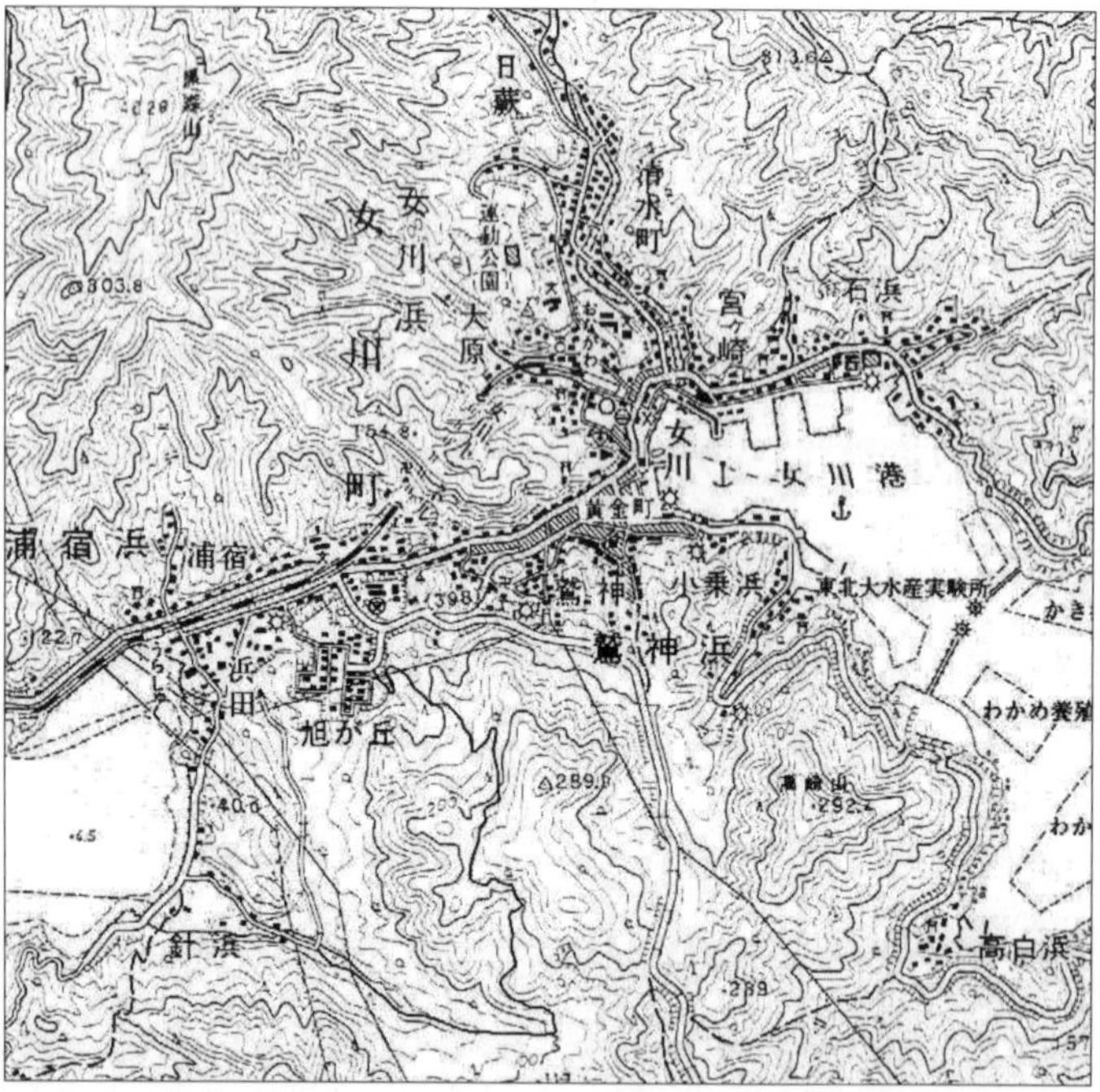

国土地理院発行「石巻」（1:50000）より、女川町付近

●前頁写真・壊滅した宮城県女川町の中心部（朝日新聞社提供）

【東日本大震災】資料編・収録地区写真リスト

災害の住宅誌
――人々の移動とすまい

目次

はじめに——v

第1章
常ならざる日本のすまい

Onagawa

第①節…災害とすまいの移動

災害に見舞われた人々は、生活の拠点であるすまいの移動を余儀なくされる。阪神・淡路大震災の被災地における居住地の変遷についての調査[(1)]が行われており、災害直後は、避難所・親族の家で避難するなどして、約四割の人が何らかの形ですまいの移動を行っていた。阪神・淡路大震災では、三〇万人以上の人々が避難所で生活を送ったが、近隣の避難所ではなく、被災地を離れ別の場所で生活を送った人々も数多く存在し、震災直後に県外に避難した人々は約一二万人と推計される。どこの県に避難したのかについて、正確な情報はないが、青森県を除く全国の公営住宅が避難所として利用され[(2)]、災害後の生活の場は全国に拡がっていた。住宅が壊れて住めなくなるという物理的な被害を受けていなくても、地震に対する恐怖、ガス、水道、電気が使えないといった生活支障が発生することによっても人々は避難をする。不自由な生活を送らざるを得ない被災地で生活することを避け、家族を実家へ疎開させる、貴重な労働力を確保するために大企業は被災地外に住居を用意しそこから通勤させるという事例が、阪神・淡路大震災の被災地では多く見られた。

災害から約一年（一万時間）が経過した後も被災地の約四分一の人々が仮すまいで生活することを余儀なくされていた。災害後の仮すまいというと、マスコミが大きく取り上げる応急仮設住宅を想像するが、応急仮設住宅に住んでいる人は被災地域に住んでいた人の一・八パーセントにすぎない。自分のお金で賃貸住宅を借りて仮すまいを確保している人が最も多く（三一・五パーセント）、企業が用意した住宅を利用している人（一・一パーセント）も案外多い[(3)]。仮すまいの場所は、被災地だけに留まらない。震災から一年後の一九九六年末に、兵庫県が住民基本台帳を基に調査した結果では、震災直後の約半数に近い五万五千人以上が県外に出て戻ってきていない[(4)]。

また、県外に一時出たのを契機にそのまま戻ってこ

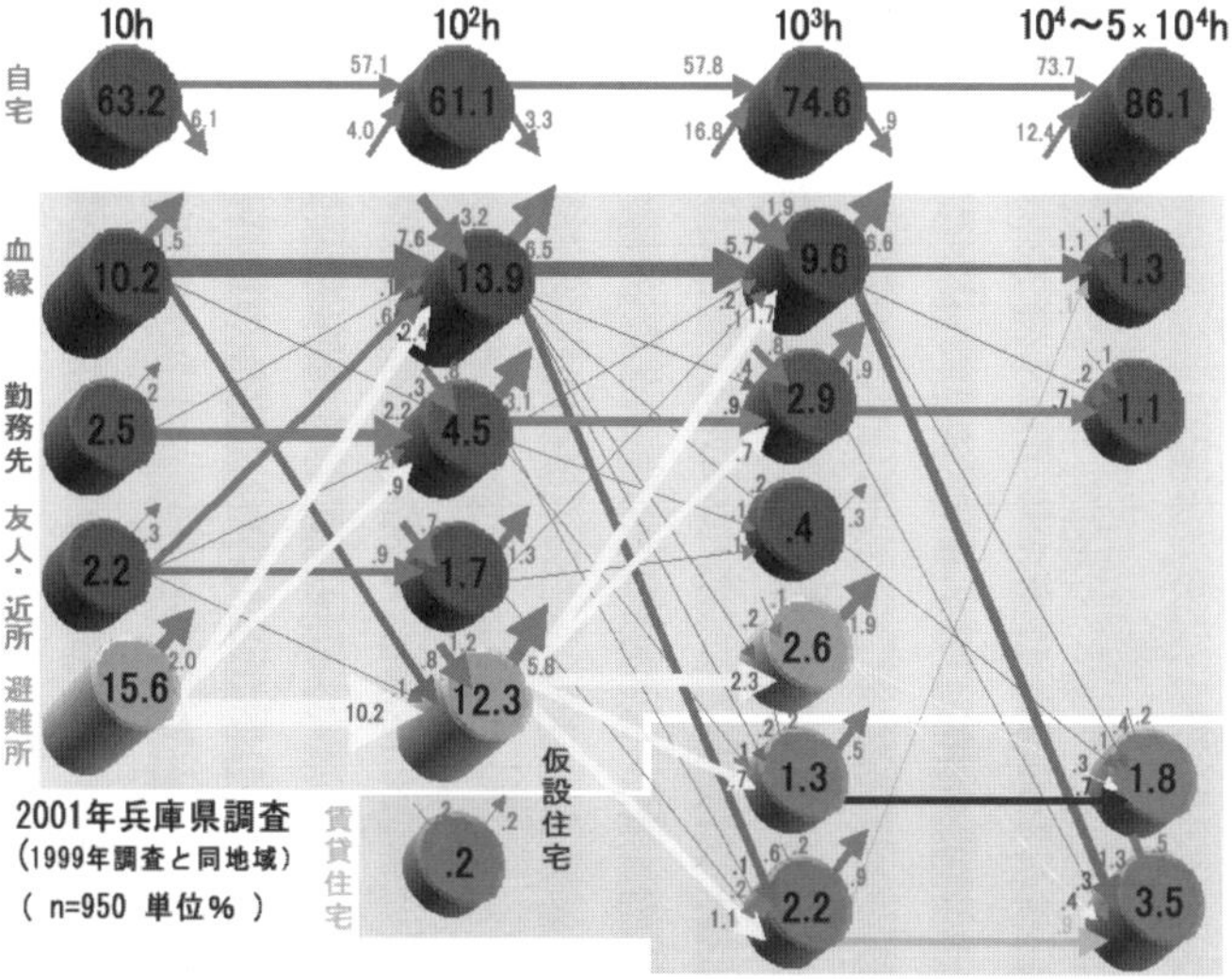

図１　阪神・淡路大震災後の居住地移動（出典：木村他、2001）

なかった人も多く存在する。どれだけの人が震災を契機として県外に転出したかは不明であるが、震災から十年目の二〇〇九年に行われた調査(5)によると、「一時的避難（二七・九パーセント）」、「数年で戻るつもり（三一・二パーセント）」で転出した。そして、転出したことの評価としては、「良かったと思う」（一七・一パーセント）、「どちらかと言えば良かったと思う」（二八・四パーセント）というようにこれら約半数の人が転出したことをプラスに捉えている、というのが県外に転出した人々の姿である。

　人々が地域を離れるのは、都市部の「コミュニティ」が弱いからだ、と考える向きもあるかもしれない。しかしながら、災害を契機として地域を離れてしまうのは都市部に限ったことではない。二〇〇四年の新潟県中越地震の旧山古志村（現在、合併により長岡市）、小千谷市の東山地区では、約半数の世帯が別の場所で、すまいを再建することを選択している。中山間地の集落が大きな被害を受けたこの災害では、道路が寸断され集落が孤立化し、旧山古志村では全村避難が実施された。集落外に設けられた避難所、長岡ニュータウンに設置された応急仮設住宅で生活を送り、最終的に応急仮設住宅を解消し、集落に戻ったのは災害から三カ年が経過した二〇〇七年の十二月であった。こう書くと、長い間、元の集落に戻れなかったことが、人々は集落を離れる契機となったようにも見えるが決してそうではない。さらに驚くべきことに、復興施策の違いにより人々が集落を離れる、という移動する現象に対しては何の影響も与えていない。旧山古志村と同じような被害を受けたが、全村避難は行われず、また復興施策としては集落を離れることを支援する「防災集団移転事業」が行われた小千谷市東山地区と、「山古志へ帰ろう」を合い言葉に復興が進められてきた旧山古志村とも集落に戻ってきた世帯の割合は全く同じ五二パーセントなのである(6)。

　このように都市部であっても、コミュニティの結束が強い農村地域であっても、自然災害はすまいを移動

小千谷市：「防災集団移転」

	塩谷	十二平	荷頃	蘭木	岩間木	首沢	朝日	寺沢	中山	小栗山	合計
震災前居住世帯	49	11	39	34	33	16	40	23	16	33	294
震災後居住世帯	20	0	11	14	19	5	27	20	16	21	152
移転世帯	29	11	18	20	14	11	13	3	0	12	131
集団移転世帯	15	10	9	11	0	7	4	0	0	0	56
個別移転世帯	14	1	9	9	14	4	9	3	0	12	75
帰村率	41%	0%	28%	41%	57%	31%	67%	87%	100%	64%	52%

山古志：「山古志に戻ろう」

	油夫	梶金	木籠	大久保	池谷	楢木	合計
震災前居住世帯	20	29	25	21	34	29	158
帰村意向世帯(H18.2)	10	25	19	13	23	13	103
帰村意向世帯(H19.2)	9	20	16	12	13	12	82
自力再建帰村意向	7	18	10	9	12	10	66
新規宅地に住宅建設	1	4	7	6	4	10	32
従前宅地に受託建設	6	14	3	3	8	0	34
公的賃貸住宅入居予定	2	2	6	3	1	2	16
帰村率	45%	69%	64%	57%	38%	41%	52%

図２　2004年新潟県中越地震後の居住地移動（出典：澤田雅浩発表資料）

させる契機となっている。災害後のすまいの移動の期間は、余震を恐れて災害直後だけ避難所で生活を送るという一時的なものから、住宅再建が完了するまでの数年間、さらには恒久的に住居を移してしまうというものまでさまざまである。災害による人々の移動は、地域社会を流動化させる。阪神・淡路大震災で大きな被害を受けた神戸市の場合、震災後十年（二〇〇四年十一月）で災害前の水準にまで人口が回復したが、震災を経験していない新住民が約三分の一（三七パーセント）を占めるようになっている[7]。

自然災害によるすまいの移動、社会の流動化は阪神・淡路大震災に始まったことがではない。関東大震災（一九二三）でも、疎開や郊外への移住等さまざまな要因により、当時の東京市の人口は大きく変動している。自然災害により村を移転させた事例も存在する。一八九九年八月に大雨により大規模斜面崩壊より壊滅的な被害を受けた奈良県十津川村では、六百戸・二、四八九人という大規模な北海道への移住が行われた。現在の北海道樺戸郡新十津川町が移住先であり、「十津川」という名前が現在まで引き継がれている。さらに歴史を遡ると、中世の災害後の社会の姿を描いた文章として、鴨長明の「方丈記」がある。方丈記には、

「知らず、生れ死ぬる人、何方（いずかた）より来たりて、何方へか去る。また知らず、仮の宿り、誰（た）が為にか心を悩まし、何によりてか目を喜ばしむる。その主と栖と、無常を争ふさま、いはばあさがほの露に異ならず。或は露落ちて花残れり。残るといへども朝日に枯れぬ。或は花しぼみて露なほ消えず。消えずといへども夕を待つ事なし」[8]

とあり、この後、鴨長明が人生の中で経験した、「安元の大火」「治承の辻風」「養和の飢饉」「元暦の大地震」という四つの災害が語られるのであるが、栖（住居）の常ならぬ様が描かれている。

日本は一〇〇〜一五〇年の周期で、静岡〜高知沖の太平洋に位置する南海トラフを震源とするマグニチュード（以下、M）八クラスの東海・東南海・南

海地震に見舞われてきた。また、こういった巨大地震発生の前後は地震活動が活発化し、内陸の活断層を震源とする地震が発生している。前回の東南海地震は一九四四年、南海地震は一九四六年に発生しており、その前後には北但馬地震（一九二五）、北丹後地震（一九二七）、鳥取地震（一九四三）、三河地震（一九四五）といった内陸地震が頻発した。第二次世界大戦直後は、地震の活動期にあり南海地震や三河地震といった地震災害、さらには戦争による国土の荒廃により大水害が発生していた。しかしながら、一九四六年南海地震、一九四八年福井地震、などを最後に地震の活動期は終了し、さらに水防施設の整備も進められ、一九六〇年代以降、日本は大きな自然災害に見舞われることなく経済成長を謳歌してきた。日本社会が大きな変化を遂げ、それに伴い日本人のすまい・すまい方が大きな変化を遂げた高度成長時代に、大きな自然災害が発生しなかったことから、我々は「すまいは常ならざるものである」という感覚を失いつつある。しかしながら一九九五年の阪神・淡路大震災以降、再び日本は地震の活動期に入り、鳥取県西部地震（二〇〇〇）、新潟県中越地震（二〇〇四）、福岡県西方沖地震（二〇〇五）、能登半島地震（二〇〇七）、新潟県中越沖地震（二〇〇七）と地震災害が頻発するようになっている。また、気候変動の影響によりこれまで経験もしなかったような大雨が降り、毎年のように洪水災害が発生している。現代においても災害に見舞われた人々は、すまいの移動を行っている。今後頻発するであろう自然災害にしなやかに対応していくためには、自然災害と共に歩んできた日本人が以前はもっていた「常ならざるすまい」という感覚を再度取り戻す必要がある。本章では続いて、日本の「常ならざるすまい」の姿を紹介していく。

第②節…阪神・淡路大震災後の応急居住の諸相(9)

災害に見舞われた社会は、災害前とは全く異なる様相を呈し、一〇時間、一〇〇時間、一、〇〇〇時間と時間経過と共にその様相を変化させていく。最初の一〇時間は「失検当期」と呼ばれ、被災した人々は、何が起こったのかが上手く理解できない時期である。阪神・淡路大震災を経験した知人は、周りの家が倒壊し、多くの人が生き埋めになっている中で、神戸がこれだけひどいのだから大阪はもっと大変なことになっているだろうと思い、さらに会社に今日は出勤できないことを冷静に連絡したと言う。このように震災が引き起こした新たな現実を未だ理解できない状態にある時期が失検当期である。

次の一〇〇時間は「被災地社会の形成期」である。①家が壊れて住むところがない、②水・ガス・電気が使えない、③電車は止まっている、という新しい現実をようやく理解し、こういった状況の中で、どのように生活をして行けばよいのかについて考え、被災地社会という新しい環境に適応していこうとしていく時期である。そして、一、〇〇〇時間までの時間は「災害ユートピア」と呼ばれる。被災地社会の中では、いくらお金を持っていても意味はなく助け合いだけが唯一の生きるすべとなる。災害ユートピアと呼ばれるのは、こういった原始共同社会のような状況を評してのことである。

しかしながら、このユートピアは長くは継続せず、一、〇〇〇時間を超えるとライフラインも徐々に復旧し、住宅に被害がなかった人は家に返り元の生活に戻っていく。震災の影響も残ってはいるが、災害前の社会の秩序が取り戻され、住宅が壊れ、自分ですまいを確保できない人だけが避難所に取り残される。こういった時間と共に変化してゆく被災後の社会の中で、人々は被災後のすまいを選択していくことになる。

阪神・淡路大震災では、最大で三〇万人の避難者が発生したということになっているが、実際に三〇万人の人が避難所で生活を送ったというわけではない。あまり知られていないが、この三〇万人という数は、実は行政が配布した弁当の数である。日本における災害後の被災者支援は災害救助法という法律に基づいて実施されるが、その中で食料配給に関する規定がある。

地方自治体では国から費用を支払ってもらうために弁当数について正確に把握するのである。神戸市では、弁当の数とは別に、就寝避難者数という数字を発表しており、ピーク時の避難者数二三六、八九九人に対して、就寝避難者数は二二二、一二七人となっており、一万人程度の差がある。避難所には壊れたすまいの代替機能、ライフライン停止に伴う食事の提供機能に加えて、情報提供拠点という機能もある。避難所には、行政からの支援情報、ボランティアの支援情報、さらにはどこの商店・銭湯が営業しているといった生活情報が張り出され、被災地社会における情報交換拠点となる。

しかしながら、災害に見舞われるとみんなが避難所へ行くわけではない。震災当日でも半数以上（六三・二パーセント）の人々は自宅に留まっており、避難所へ行った人は一五・六パーセントにすぎない。避難所で生活する可哀想な被災者、というマスメディアが伝えるステレオタイプの被災者イメージがあるが、実際は、プライバシーのない避難所へ行くのではなく、自宅や親族・友人の家で避難生活を送るというのが実際の災害後のすまい方である。また、不自由な生活を余儀なくされる被災地から疎開する人も数多く存在する。阪神・淡路大震災からしばらくは京都、大阪のホテルは疎開してきた人で満室であった。災害に見舞われた人は、自分では何もできない可哀想な人では決してなく、自らの意志でより快適な居住環境を求めて移動していくのである。

震災から一カ月半（一、〇〇〇時間）程度してライフラインが復旧してくると、すまいに被害がなかった人は自宅に戻っていく。避難者数の減少とガス・水道の復旧率には高い相関関係がある。災害ですまいを失った人は、再び恒久的なすまいを確保するまでの間の仮すまいを確保する必要がある。

災害に見舞われた人々の多くは自ら仮すまいを選択していくのであるが、公的な仮すまい支援として「応急仮設住宅」が建設される。阪神・淡路大震災では兵庫県・大阪府併せて約五万戸の応急仮設住宅が建設された。応急仮設住宅とは、災害救助法に基づいて建設される仮すまいであり、その目的は「住家が滅失した被災者のうち、自らの資力では住宅を確保することができない者に対し、簡単な住宅を仮設し一時的な居住の安定を図ることを目的とするもの」となっている。以前は応急仮設住宅の入居対象者は、生活保護世帯等の生活困窮者を対象とし、風呂等も設置されない簡易なものであったが、一九九一年雲仙普賢岳の噴火災害以降、基準は緩和され、近年の災害では基本的に年収要件は廃止されている。

応急仮設住宅に利用される建物は、通常は建設現場の事務所で利用されるプレハブ建物である。一戸当たりの規模は二九・七平米（九坪）、費用は約二五〇万円とされているが、阪神・淡路大震災では大量供給に対応するため、住宅用のプレハブ建築、さらには海外から輸入した住宅も利用され、解体費用も含めて一戸当たり五〇〇万円程度となった。仮設建築物である応急仮設住宅は建築基準法の規定により使用期間は二カ年に制限されているが、特別法により最長五年間使用された。また、高齢者向けにグループホームタイプの応急仮設住宅も設置された。

災害が発生すると世間の耳目を集めるのが応急仮設住宅であるが、災害救助法には、応急仮設住宅に加えて、仮すまい支援の手段として最大で五二万円までの修理を支援する「応急修理」という制度が存在する。また、民間賃貸住宅を借り上げて応急仮設住宅として利用することも可能になっており、阪神・淡路大震災以降の災害では、避難所→応急仮設住宅→復興公営住宅という単線型の仮ずまいの支援ではなく、いくつかのオプションの中から自らが選択をしていく複線型の支援が行われるようになっている。

阪神・淡路大震災で、避難所→応急仮設住宅→復興公営住宅というすまいの移動を行った世帯当たりの支援に要した費用は約一、二〇〇万円～一、九〇〇万円にも上る。しかしながら、行政の支援を受けて仮すまいの確保を行った人は、先述のように三〇〇万人の被災者の中のごく一部にすぎず、ほとんどの人は自力で仮すまいを確保しており、義援金の配分以外は何の支援も受けていない。阪神・淡路大震災の反省をふまえて、その後に生活再建支援法が創設され、何回かの法律改正を経て、現在は年収制限なしに、全壊後に住宅再建する世帯に三〇〇万円支払われるようになっている。

生活再建プロセスに関する調査から見えてくる阪神・淡路大震災後の仮すまいの姿は、ずっと自宅に留まった人が大多数であり、すまいの移動を行った人の中では、震災当日(一〇時間)は、親族の家もしくは避難所で生活し、三日目(一〇〇時間)までは親族の家、避難所、勤務先が用意した住宅で過ごす。そしてライフラインが回復する一カ月を過ぎると(一、〇〇〇時間)と多くの人は自宅に戻り、自宅を失った人が親族の家、勤務先が用意した住宅で過ごし、行き場のない人が避難所に残るという姿が見えてくる。

第③節…被災後の仮すまい建築の歴史

阪神・淡路大震災の応急仮設住宅ではさまざまなタイプの仮設建築が利用された。自然災害が多発する日本には、災害後の仮すまい建築の長い歴史がある。災害を避ける目的で設けられた仮すまいの中で、日本で最も有名なのは「方丈庵」であろう。実際に被災して避難したわけではないが、鴨長明は晩年を京都の郊外の日野に建てられた方丈庵で過ごす。

「広さわずかに方丈、高さ七尺が内なり。所を思ひさだめざるが故に、地を占めて造らず。土居を組み、打覆を葺きて、継目ごとに掛金を掛けたり。もし、心に叶わぬ事ならば、易く、外へ移さむがためなり。その改め造る事、いくばくかの煩いかある。積むところ、わずか二両、車の力を報ふ外には、さらに外の用途いらず」(10)

とあるように、方丈庵は掛け金で各部材を留める組立式の建築で、分解して荷車で運搬することが可能な建築であった。

現在も災害が発生すると行政は学校等の建物を利用して避難所を設置するが、避難所の原型は江戸時代にまで遡る。江戸時代末期には被災した人々のために「御救小屋」という名の避難所が提供されていた。広さは一棟百坪で、一人当たりの面積はおおよそ半畳。建物は、テントのように丸太を組み、屋根を板で葺き、ころがし丸太の上に畳を敷いたものであった。建設資材は備蓄されており、分解して持ち運ぶことが可能であった(11)。

近代以降では、大正十二年九月一日に発生した関東大震災後の仮すまい建築の姿が、今和次郎により詳細に記録されている(12)。今和次郎は震災直後から仮すまい建築の記録採集を行っており、①構造材として立木(焼け残ったものも含む)を利用し、屋根をムシロ、トタン、板で葺いたもの、②土管を壁に利用し、屋根を板で葺いたもの、③構造材として卒塔婆を利用したもの等、さまざまな「小屋」のスケッチを残している。

こういった自力建設による仮の住居とは別に公的機関が提供した仮設住宅もあった。当時の東京市も多くの仮すまいを提供し、皇居の周りにも多くのバラックを建設した。関東大震災の仮設住宅で面白いのは同潤会の「仮住宅」である。同潤会は現在、すでに取り壊されてしまった青山や代官山の鉄筋コンクリート造の共同住宅で有名であるが、元々は関東大震災の義損金を原資に設立された財団法人であり、最初のプロジェクトは被災者用の仮すまい、同潤会仮住宅供給することであった。仮住宅には住宅用と店舗付住宅の二タイプあり、東京市近辺の七カ所に計二、一五八戸の仮住宅が建設された。住宅用は八畳＋土間で五・五坪のタイプ、店舗付住宅は八畳＋ミセ＋土間で七・五坪、木造で屋根をトタンで葺いたものであった。この仮住宅で着目すべきは、住宅よりもその公共施設の充実度である。仮設浴場、診察所、託児所、授産所といった施設も設置され、阪神・淡路大震災の応急仮設住宅でもこれほど公共施設は充実していなかった。余談になるが関東大震災と同時期の一九〇六年に発生したサンフランシスコ地震の仮設住宅は現在も保存されている。

次に、仮すまいが町を埋め尽くすのは、第二次世界大戦後である。第二次世界大戦の被災地では関東大震災後に見られたさまざまなスタイルの小屋に加えて、壕舎、バス、客車、路面を利用した仮すまいも出現した[13]。「壕舎住宅」とは、戦時中に掘られた防空壕を利用した半地下式の住宅である。大阪市が昭和二〇年十月に実施した壕舎住宅の調査によると、七、八二七戸存在しており、一戸当たり広さは平均三・七坪、一人当たりの居住面積は一・一坪というものであった。バス住宅や貨車・客車住宅とは、その名のとおり、車両を住宅として利用したものであるが、当時のバスは現在のものよりかなり小さく、広さは畳四帖程度、炊事場等は外部に設置されていた。客車はかなり大きいので、客車住宅の場合、二つに切断したり、内部を二戸～四戸に仕切ったりして、四畳＋六畳の住宅として利用されていた。路面電車住宅は京都に見られたもので、六畳二室程度の広さで、共用の炊事場、便所が外部に設置されていた。

阪神・淡路大震災で脚光をあびた応急仮設住宅[14]は、戦前から建設されており、管見の限り一九四三年の鳥取地震後に「いわゆる厚生省型の応急仮設住宅」が建設されたものが最も古い事例として確認できる。しかしながら、一九六〇年代までは戦災バラックが数多く残っていたことから建設には消極的であり、応急仮設住宅は被災者が長く居つかないように河川敷等不便な場所に建設されていた。大阪では伊勢湾台風の応急仮設住宅が一九八〇年代まで残っていたという記録もある。当初の応急仮設住宅はあくまでも仮のすまいであり、昭和四七年頃までの災害救助法の基準には「小屋掛け程度の簡単な住宅を仮設し、一時的な居住の安定を図ることを目的とするものである」とされている。しかしながら、現在の基準では「簡易な住宅を仮設し」と修正されている。応急仮設住宅の広さは戦前（六畳一間）から戦後（昭和二九年、五坪）から阪神・淡路大震災（八坪）と変化するが、最も大きな変化は建物

写真１　パイプ式プレファブ住宅

の工業化であった。

日本で住宅メーカーによるプレファブ住宅が発売されたのは昭和三五年（一九六〇）頃である。昭和三四年（一九五九）に大和ハウスのミゼットハウス、昭和三五年（一九六〇）にはセキスイA型、昭和三六年（一九六一）には松下一号型が発売され、現在のプレファブメーカーは一九六〇年代の前半までには出そろう。こういった流れの中で応急仮設住宅の工業化が検討されたのは早い。昭和三九年（一九六四）の新潟地震ではその頃に開発されていたパイプ式プレファブ住宅が利用され、埼玉県ではパイプ式プレファブ住宅が応急仮設住宅として備蓄されていた。

第④節…「元の場所ですまいを再建」

現在の災害後のすまいの再建において、最も重視されるのが「元の場所に戻って、災害前と同じような生活を取り戻すこと」である。阪神・淡路大震災の復興の教訓をふまえ東京都が策定した事前復興マニュアルには、災害復興において元の場所で再建することの重要性が以下のように書かれている。

大災害に遭遇した被災者の想いは、「早く住む場所や営業を再開する場を確保したい…」という基本的な要求から始まり、「今住んでいるところから離れたくない…」、「地域の文化や特徴を壊さずにまちの再生ができたら…（以下略）」[15]

そして、災害に見舞われても元の場所に戻れるように「元の住んでいた地域にいち早く戻り、地域の皆さんが、地域の将来像をじっくりと話し合うために、時限的市街地など暫定的な生活の場づくりを応援します」としている。

しかしながら、これまで見てきたように災害に見舞われた人々はすまいの移動を余儀なくされる。さらに、一度災害に見舞われると決して災害前とは同じまちに再建されることはない。災害を期に商売を辞める商店や、被災していない場所に移転して早く仕事を再開しようとする企業を誰も止めることができない。東京都の事前復興マニュアルではできるだけ早く被災したまちに人々を戻し、災害により、まちの姿が変わらないようにしようとするものであるが、これまでの災害復興の事例を考えると、どれだけがんばっても災害前と同じようにまちを再建することは不可能である。災害からの復興とは、災害が発生させた新たな現実に適応していくプロセスであり、復興とは新たな環境への適応という人間にとっては大変ストレスとなる経験なのである。

そもそも、災害に見舞われても元の場所ですまいを再建するという考え方は、いつ頃に始まったものであろうか。田中[16]は関東大震災前後の人口変化を一九二〇年・一九三五年の国勢調査のデータを用いて明らかにしている。関東大震災前後での人口変化は大東京市全体で二五三万人の人口増となっており、下町で一七万三千人が減少しているのに対し、山の手では一万八千人、郊外部では二四六万人が増加している。特に、現在の目黒区、豊島区、北区、荒川区、板橋区、練馬区、杉並区、中野区、渋谷区において顕著な人口増加が見られる。郊外における人口増加の要因として田中は、震災時に都心部から避難してきた人々、郊外の良好な環境を求めて「職住分離」したサラリーマン、郊外部に進出した工場に勤務する労働者、旧市内から流入した低所得者をあげる(17)。こういった下町の人口減少、郊外部の人口増加からわかることは、関東大震災後のすまいの再建においては、元の場所ですまいを再建するという動きは顕著ではなかったということであり、これは関東大震災後に多くの人々が疎開・郊外への移住を行ったという一般的に知られている事実を裏付けるものである。

しかしながら、関東大震災後の復興において元の場所ですまいを再建することが禁止されていたわけではない。借地人については、自らの借地上にバラックを建てることが許されていたし、借家人についても関東大震災後に制定された「借地借家臨時処理法」(一九二四)により「被災借家人がかつての居住地で生活を再開する権利を認めていていた。」(18)今和次郎のスケッチが示すように、震災後の東京には自力建設のバラックが数多く建てられており、元の場所ですまいを再建するという意志があれば、元の場所で再建することは可能であった。関東大震災後のすまいの再建においては、現在我々がもつ災害に見舞われても同じ場所にすまいを再建するという意識が希薄であったのだと考えられる。

第二次世界大戦直後は、戦争により国土が荒廃していたこともあり、台風・大雨による災害が頻発し、その中でも一九五九年に発生した伊勢湾台風では五千人を超える死者が発生。また戦後間もなくは、地震災害も頻発し、一九四六年南海地震、一九四八年福井地震(死者三千八百人余り)といった大きな被害を伴う地震災害が頻発した。こういった災害後の住宅復興計画を見ると、「災害被災者および災害時危険を予想される低湿地帯居住者の高地への移住促進を容易ならしめるため、県住宅公社において北勢地方(桑名・四日市・鈴鹿地域)の住宅適地に約一五ヘクタールの宅地造成を計画している」（三重県『伊勢湾台風復興計画書』[19]）とあるように、危険地域からの移住に関する計画はあるが、元の場所ですまいを再建させようという考え方は見られない。一九六四年に発生した新潟地震の復興においても同じ状況であり「恒久的には健康な居住環境の積極的な造成と不良環境地区からの移転に備えて、地耐力のある無災害地区に住宅団地の造成をはかるものとする」（新潟県『新潟地震災害復興計画』[20]）とある。

実は阪神・淡路大震災の住宅復興計画についても同様であり、震災から八カ月後の一九九五年八月に策定される「ひょうご住宅復興三カ年計画」の基本方針は「大量に失われた住宅ストックを早期に回復し、（中略）住宅を大量に供給すること」であり、どのようにして大量の住宅を供給するのかが主たる課題であった。郊外に建設された応急仮設住宅が不便であるという報道はあったが、「元の場所に戻りたい」という被災した人々の考え方が公式に露わになるのは、震災一年後に兵庫県が実施した「応急仮設住宅入居者調査」の結果である。この調査の結果、応急仮設住宅居住者の内、六八・七パーセントが公的借家を希望し、公的借家の希望者の住宅希望地の過半が「災害前に居住」していた場所という結果が出る。

「元の場所ですまいを再建する」という考え方が露わになるのは阪神・淡路大震災がきっかけである可能性が高い。より詳細な検討を行う必要があるが、いずれにしても我々が自明のことのように考えている「元の場所ですまいを再建する」という考え方は非常に新しいものである。しかし、阪神・淡路大震災以降「元の場所ですまいを再建する」ことが自明のように考えられ、二〇〇〇年の鳥取県西部地震では地域に残ることを支援する「住宅復興補助金」制度が創設され、二〇〇四年の新潟県中越地震の山古志村では「帰ろう山古志へ」が復興のスローガンとして掲げられる。

「元の場所ですまいを再建する」という考え方は、賃貸から土地付き持家へという日本のすまいの所有形態の変化と深い関係があると考えられる。土地付持家であれば、自分の家が建っていた場所で再建するのは当然のことである。山田[21]は、日本の持家の時代は石油ショック以降の七〇年代後半に確立されるとしており、土地付持家が主流となった時代の最初の大規模災害である阪神・淡路大震災が「元の場所ですまいを再建する」という考え方を発露・定着の契機となったということは十分考えられる。

日本は南海トラフを震源とする地震に一〇〇～一五〇年周期で見舞われており、その前後は地震活動が活発となることが知られている。阪神・淡路大震災以降、西南日本は地震の活動期に入ったと言われる。地震活動の静穏期であった高度成長期以降に定着した土地付き持家というすまいの所有形態とセットで生まれた「元の場所ですまいを再建する」という新しい考え方は、これまでの災害に見舞われれば移動するという「常ならざるすまい」の姿からの大きな転換である。しかし、現在においても災害に見舞われた人々はすまいの移動を余儀なくされており、「元の場所ですまいを再建」するという考え方は地震活動の静穏期に生まれた一時的な幻想なのではないだろうか。

【第1章補注】

(1)木村玲欧・林春男・立木茂雄・田村圭子、「阪神・淡路大震災後のすまい再建パターンの再現―2001年京大防災研復興調査報告―」、地域安全学会論文集、No.3、pp.23-32、2001
(2)メモリアルカンファレンスイン神戸編、『12歳からの被災者学』、NHK出版、2000
(3)木村、2001
(4)内閣府、4-1-06「市外・県外被災者への対応」、阪神・淡路大震災教訓情報資料集
http://www.bousai.go.jp/1info/kyoukun/hanshin_awaji/about/index.html
(5)田並尚恵、研究紀要『災害復興研究』第2号、pp.143-159、関西大学、2010
(6)澤田雅浩らの調査による
(7)神戸市企画調整局総合計画課、「神戸市統計報告特別号：神戸市人口、震災前人口を超える―平成16年11月1日現在推計人口―」、神戸市、1999
(8)鴨長明、『方丈記』、岩波文庫、1989

(9)本章は以下の文献を参考にして執筆した。
林春男、『命をまもる地震防災学』、岩波書店、2003
メモリアルカンファレンスイン神戸編、『12歳からの被災者学』、NHK出版、2005

(10)鴨長明、『方丈記』、岩波文庫、1989

(11)野口武彦、『安政江戸地震』、ちくま新書、1997

(12)今和次郎、『住居論』、ドメス出版、1971

(13)第二次世界大戦後の仮すまいの記述は、西山夘三、『すまい考今学』、彰国社、1989による

(14)応急仮設住宅に関する記述は、牧紀男、「自然災害後の応急居住環境の変遷とその整備手法に関する研究」、京都大学博士論文、私家版、1998による

(15)東京都、『東京都震災復興マニュアル』、pp.17-20、東京都

(16)田中傑、『帝都復興と生活空間—関東大震災後の市街地形成の論理』、pp.88-99、東京大学出版会、2006

(17)田中、2006、p.92

(18)田中、2006、p.183

(19)三重県、伊勢湾台風復興計画書、p.467、三重県

(20)新潟県、新潟地震復興計画書、p.145、新潟県

(21)山田良治、『土地・持家コンプレックス—日本とイギリスの住宅問題—』、日本経済評論社、1996

第2章 災害とは何か

Ishinomaki

第①節…文明論としての災害

自然災害に見舞われることが多い日本においては歴史的に見るとすまいは「常ならざるもの」であった。しかしながら、第二次世界大戦後の経済発展や社会の変化と共に、すまいの耐震性も格段に向上、また土地付き・持家に住む人が増加することになり、すまいは、もはや「常ならざるもの」とは考えられなくなっている。さらに言うならば「常ならざるもの」であることが問題となっている。しかしながら、現在においても災害に見舞われると人々はすまいの移動を余儀なくされる。日本は地震の活動期に入り、さらには気候変動により、今後、自然災害が頻発することが予想される。こういった自然災害の状況をふまえた上で、再度、日本のすまいは如何にあるべきか、を考える必要がある。災害と上手につき合っていくという観点から、日本のすまいについて考える必要がある。まずは最初に災害とは何か、ということからはじめたい。

防災の分野では、物理的現象である「地震」という言葉と、社会現象である「地震災害」という言葉を使い分ける。「阪神・淡路大震災」とは災害の名称であり、阪神・淡路大震災という社会現象を引き起こす誘因となった自然現象（地震）には「兵庫県南部地震」という別の名称が付けられている。自然災害の被害は、自然の外力と地域の防災力との関係で決定され、同じ物理的負荷（地震）であっても地域によって発生する被害は異なる。また、被害には自然の外力による構造物に対する直接的影響である物理的被害と、構造物が壊れることにより二次的に発生する社会システムの停止、避難所生活・企業活動の停止といった社会的影響との二つの側面があり、英語では物理的被害をdamage、社会的影響をLossと呼び、言葉を使い分けている。

災害発生を引き起こす要因となるのが自然の異常外力であり、日本では地震があるのはあたりまえのように考えられているが世界的に見ると地震が発生する地域の方がむしろ少ない。大きな地震が発生するのは南

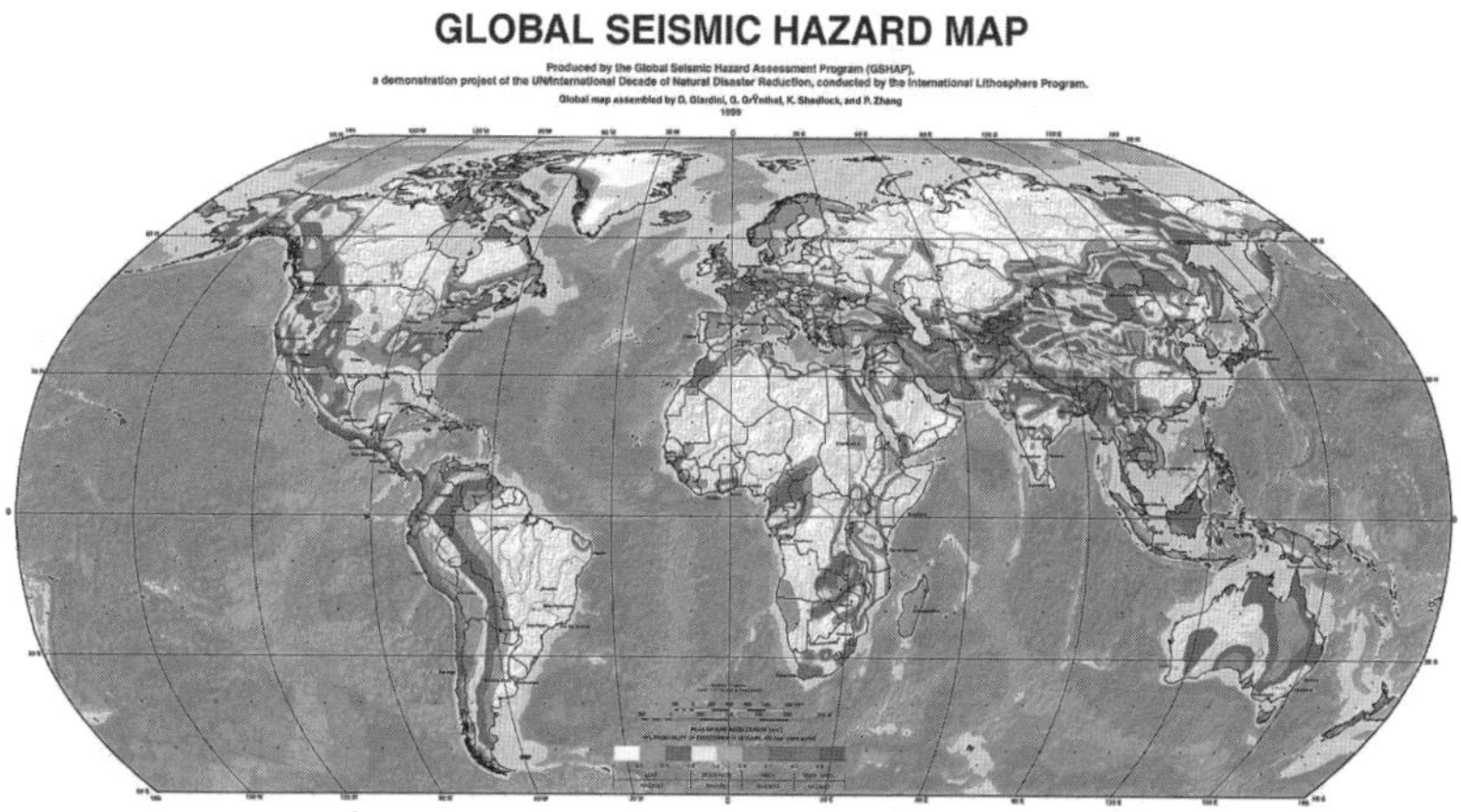

図1　世界の地震リスク（出典：The Global Seismic Hazard Assessment Program (GSHAP)）

北アメリカの西海岸・日本・台湾・フィリピン・インドネシア・ニュージーランドといった環太平洋地域の国々、インド・ネパール・イラン・トルコ・イタリアといったヒマラヤ~アルプスにかけての地域の国々に限られている。この地図が表しているのはあくまでも自然現象としての「地震」の発生確率であり、各地域における「地震災害」の発生確率ではない。なぜなら、先述のように災害を考える場合には地域の防災力を考えることが不可欠であり、すまいの物理的被害について考えるとそれぞれの地域の建物の強さについての情報が必要となる。災害による被害には物理的被害を社会への影響という二つの側面があるが、まずはすまいが壊れるという物理的被害という側面について考えてみたい。

同じ強さの地震動に見舞われても、建物の耐震性の高い地域においてはほとんど被害が発生しないのに対し、耐震性の低い建物が多い開発途上国においては数千人単位で人が亡くなるような被害が発生する。世界でどのような被害が発生するかを知るためには、世界各国の建物の物理的な強さを知る必要がある。『Encyclopedia of Vernacular Architecture of the World』(1)には世界の「伝統的」な建物についてまとめられているが、世界に建てられている建物のほとんどは「伝統的」なものではない。現在、世界各地で特に市街地で一般的にどんな建築が建てられているのかについて体系的にまとめた資料は存在しない。この問題に答えるために、米国地震工学会は、"World Housing Encyclopedia"というプロジェクトを開始した。

このプロジェクトの目的は、建築デザインの専門家が無視してきた世界各国で一般的に建てられている建物の状況についてのデータベースをつくることにある。その結果分かってきたのは、現在、コンクリートと鉄を使った建物、柱・梁・床スラブを鉄筋コンクリートでつくり、壁をコンクリートブロックもしくはレンガで充填する鉄筋フレーム組積造(RC framed Masonry)と呼ばれる構法でつくられた建物が世界を席巻しており、特に各国の都市部のすまいはほとんどこの構法で建設されていることである。東南アジアの街中で一般的に見られる二〜三階建てのショップハウスもほとんどこの構法である。岸和郎は、工業製品がかつての自然素材と同様に世界中どこでも入手可能であるような状況を称して「インダストリアル・ヴァナキュラー」と呼んだが、世界のすまいは、まさにそういった様相を呈している。こういった建物は、建築の専門教育を受けた建築家や構造技術者が設計・施工に携わらないことからノン・エンジニアド・ビルディングと呼ばれる。

建築材料は、木材、煉瓦から鉄とコンクリートに変わったが、建築教育を受けた専門家が関わることも少ないため、つくり方は以前と同じである。伝統的な建造物と比べると建物の重量が増しているにもかかわらず、柱や梁の太さは以前と同じであり、またコンクリートという材料の性質が理解されておらず、打設が容易なように大量の水を利用してセメントを捏ね、早く乾くように養生シートをかぶせるということもない。また、材料は世界共通であっても施工方法は各国で異な

写真1 2009年インドネシア・パダン地震

り、例えばインドネシアでは、コンクリートブロックの壁を建てた後で、鉄筋コンクリートの柱にコンクリートを打設するのに対して、フィリピンでは先に鉄筋コンクリートの柱を建てた後でレンガを積むという木造軸組建築と同じ施工手順で施工される。

こういった鉄筋フレーム組積造の建物が開発途上国で地震被害を増大させる原因となっている。特に二階建て以上の建物が危険であり、地震で建物が倒壊すると重い二階の床が一階に居る人々を押しつぶしてしまう。一階、二階、三階の床が重なっているような壊れ方を称して、英語ではパンケーキ・クラッシュと呼ぶ。二〇〇八年中国・四川地震、二〇〇九年インドネシア・パダン地震、二〇一〇年ハイチ地震などの地震で多くの人的被害を発生する原因となったのは、ノンエンジニア建物が倒壊したことによる。建物が壊れるという現象は、物理的法則に従うものであり、地震力が建物の物理的耐震性を上回れば建物は壊れるという現象は世界共通の法則である。阪神・淡路大震災の死亡者のほとんども木造建物の倒壊によるものである。建物が地震で壊れなくするためには、その地域で想定される地震力より高い物理的耐震性をもつようにすることで建物の倒壊を防ぐことが可能になる。こういった反省をふまえ、特にノンエンジニア建物を対象に、世界各国で建物を強くするための取り組みが進められている。

「建物が壊れることは災害だ」いう認識は世界共通のものとなっており、そういった意味で物理的被害(damage)というのは文明論的な意味での災害となっている。防災の分野では、被害をゼロにすることを目的とした防災対策を「被害抑止」(mitigation)と呼ぶが、実際に建物の倒壊をゼロにすることは現実的にはなかなか難しい。日本では災害に見舞われるたびに建築基準法の見直しを行い一九八一年の改正以降に建てられた建物については十分な耐震性能を持っているということになっている。阪神・淡路大震災の被害を見ても、一九八一年以降の建物の被害は少ない。問題となるのは一九八一年以前に建てられて建物であり、現在、重点的に耐震改修が進められているが、地震が発生すると建物が倒壊し、それに伴う社会的影響(Loss)が発生する。

第②節…文化論としての災害

構造物が壊れる、というダメージ(damage)という現象の定義は物理的に明確であり、またその発生メカニズム、その対処方法は世界共通である。しかし構造物が壊れることによる社会的影響(Loss)は地域の状況により異なり、何を社会的影響とするのかについての世界共通の定義は存在しない。そういった意味での社会的影響は、文化論的災害と言うことができる。日本、米国においては電気、ガス、水道といったライフラインが自然災害により停止することは地域の活動に甚大な影響を及ぼし、ライフラインの停止による経済活動の停止は、間接被害としてその被害額が積算される。阪神・淡路大震災では、構造物が壊れたことによる直接被害一〇兆円、間接被害六~七兆円とされる。

しかしながら、開発途上国において電気は自家発電、ガスに代表される熱源は薪やプロパンガス、水源は井戸という地域も数多く存在し、ライフラインの停止による社会的影響は限定的である。

二〇〇一年インド西部地震の災害調査時に被災者のすまいとスクォッターに住む人のテントを間違えた経験がある。被災者のすまいだと思ってテントの写真を撮っていたら、現地の共同研究者が笑いながら、あの人達は災害前からあのテントに住んでいると教えてくれた。スクウォッターの人々の地震による被災を考えると、トタンやビニールシートでつくった彼らのすまいは、小さな地震動でも簡単に倒壊してしまう。物理的な耐震性といった観点から見ると防災力は低いが、軽い構造体のため命に危険が及ぶということもなく、再建は建物を建て起こすだけで簡単にできてしまう。また、廃品回収等の仕事に従事している人が多いスクウォッターの住民にとっては、災害後はガレキから鉄屑等を回収することができ、地震災害による影響はほとんどない。

スクウォッターの住民にとって恐ろしいのはむしろ土砂災害である。中南米のスクウォッターは山の斜面に拡がっている。一九九九年十二月十五・十六日の豪雨によりベネズエラの首都カラカでは大規模な土砂災害が発生した。この災害による死者は二万人以上に上り、山の斜面に拡がるスクォッターに住む人々が家ごと土石流に巻き込まれ犠牲となった。社会的影響というのはあくまで災害で生き残った人に降りかかる現象であり、命を守るための最低限の被害抑止（mitigation）対策は不可欠であり、土砂災害については危険な場所に住まないという被害を回避する対策は不可欠である。また、生活を回復するためには生活を営むための資源が残されていることなど、が前提条件となる。廃品回収、露天商、ドライバーといったいわゆるインフォーマルセクターの仕事に従事する人々が住むスクォッター地域にとって、都市活動が生活資源であり、寄生する都市の活動が行われている限り、災害に見舞われても生活を回復することが可能である。先進国の生活に

写真2　1999年ベネズエラの土砂災害

とっては電気、ガス、水道が、スクォッターに住む人にとっては都市活動が生活を営むための基本的要素であるが農村部ではどうであろうか。

一九九〇年フィリピン・ピナツボ火山の噴火災害は、クラーク米空軍基地の閉鎖や、噴火終了後も継続する土石流の発生によりピナツボ火山近傍に住む人々に大きな影響を与えた。あまり知られていないが、一般のフィリピン人に加えてアエタと呼ばれる人々も大きな被害を受けた。アエタは、現在、東南アジアに多く居住している人々が入ってくる前にアジア地域に居住していたネグリート系の人々であり、ピナツボ山麓で狩猟採集生活を行っている。ピナツボ山麓の自然環境が噴火災害により大きく変化したため、生活場所・生活手段が失われアエタの人々は狩猟採集生活をすることができなくなってしまった。

被災したアエタの人々に対する支援はまったく異なる二つの考え方により実施された。フィリピン政府は災害前からアエタの定住化を進めており、被災したア

写真3　1990年ピナツボ噴火災害により被災したアエタの人々

エタのために農地付きの再定住地を建設し、定住化を進めようとした。その一方で、いくつかのＮＧＯのグループはアエタの人々は山の生活のエキスパートであり自然が回復すれば山に戻るべきだという考え方に基づき、ピナツボ山麓の自然が回復するまでの期間の一時的なすまいと避難生活の支援を行った。フィリピン政府が設置した農地付き再定住地が、その後、どのようになったのかについては追跡調査を実施していないため不明であるが、ＮＧＯが整備したキャンプで生活を行っていたアエタの人々は、山の自然が元に戻ると共に元の狩猟採集の生活に戻っていった。

先進国の都市で生活する人にとっては電気、ガス、水道がライフラインと呼ばれるように生活を営む上での基盤、それが無くては生活することができないものであるが、スクォッターに住む人々にとっては都市活動が、アエタの人々にとってはピナツボ山麓の自然が生活を営むための基盤となる。社会的影響は、生活基盤が物理的被害に見舞われることにより、地域での生活、経済活動が以前と同様に機能しなくなり発生する。社会的影響が発生する原因となる地域の社会基盤は地域によって異なり、また、当然のことであるが地域ごとに生活・経済活動は異なる。したがって、社会的影響の発生のメカニズムも地域ごとに異なる。防災対策において、社会的影響を軽減する対策、発生した被害を最小限に食い止める対策を被害軽減（preparedness）と呼ぶが、被害抑止のための対策が全世界共通であるのと対照的に、社会的影響の発生のメカニズムが異なるために被害軽減対策のあり方も地域ごとに異なる。

第③節…リジリエンス

災害には物理的被害と社会的影響という二つの要素があるが、この二つの要素を総合的に考えるための概念として「リジリエンス（Resilience）」という言葉が、近年、防災を考える際のキーワードとなっている。リジリエンスとは「弾性、回復力」（研究社新英和大辞典、第六版）と訳されるが、ようするに形状記憶合金のように、折れても簡単に直すことができる、という意味である。これまでの防災は、折れないこと、すなわち地震・津波といった大きな自然の外力に見舞われても被害が発生しないこと、「抵抗力」を高める、すなわち被害抑止を目標としてきたが、それに加えて、被害に見舞われても速やかに復旧できるように「回復力」を高める、被害軽減も考えるというのが、現在の防災の考え方となっている。被害を減らすと同時に、復旧までの時間を短くすることにより社会の影響（三角形の部分）を総合的に減らすのが「リジリエンス」を高めるという防災対策の考え方である。

リジリエンスという概念は、頑強性（Robustness）、冗長性（Redundancy）、甲斐性（Resourcefulness）、迅速性（Rapidity）という四つの要素から構成され(1)、頑強性がこれまでの防災が目指してきた物理的被害を出さないという社会の「抵抗力」に該当する。また、冗長性、甲斐性、迅速性が「回復力」を構成する要素

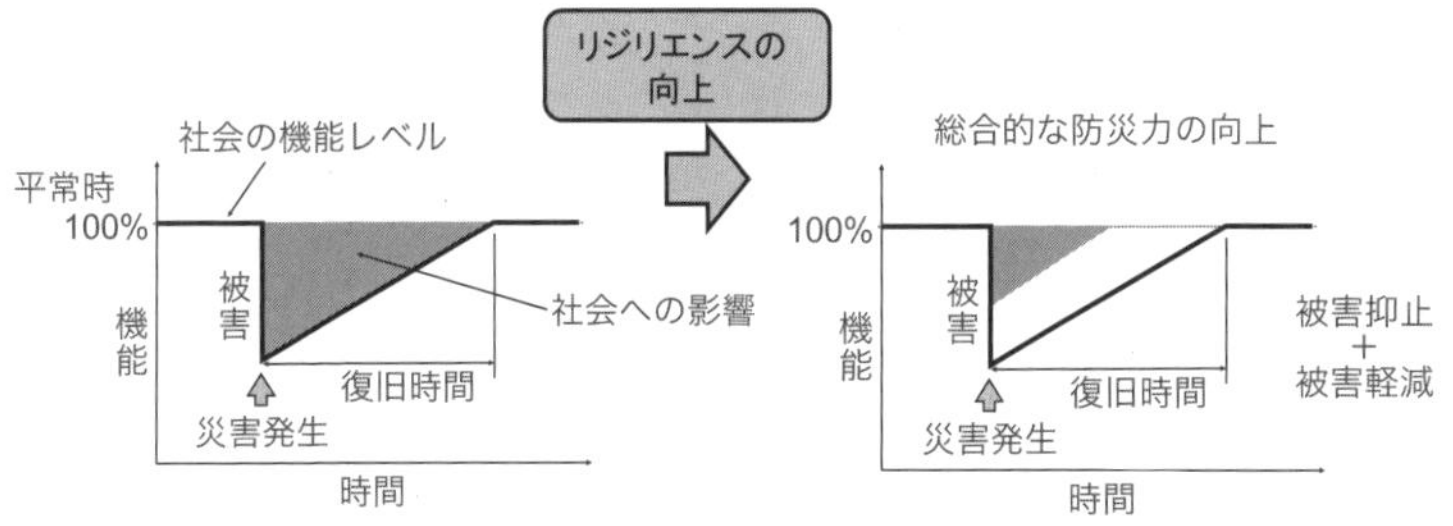

図2 リジリエンス[(1)]

となっている。冗長性とは、家を二軒持っている、共働きで生計を立てる手段が二つあるといったように代替機能を持つことである。甲斐性とは、基本的には災害から復旧するための資産を持っているということであるが、お金だけではなくて、個人の能力も重要な要素となる。迅速性とは、どれだけ迅速に元の生活に戻れるのかということであり、スクォッターの住民がすまいをすぐに建て起こして生活を再建できる、というのもその一例である。

第一章で見てきたように、災害に見舞われた人々はすまいを移動する。これは日本だけの事象ではなく、二〇〇四年インド洋地震津波災害で大きな被害を受けたバンダ・アチェでは、津波の被害を受けていない内陸部に被災地域の人々が移動し、人口が五〇パーセント以上増加した[(2)]。二〇〇五年のハリケーン、カトリーナ災害により市域の八割が水没するという被害を受けたニューオリンズでは、災害直後に、人口が災害前の六割にまで減少し、被災した人々は全米各地に移転した[3]。通常、被災地からの転出は災害による負の影響と考えられており、「抵抗力」（頑強性）を強くして、被害を出さないようにし、人々が移動しないで済むようにすることが重要と考えられる。しかしながら、災害により物理的被害が発生することは不可避であり、「回復力」を高めることも重要であるという立場に立つと、災害後の移動が不可避である以上、移動力が高い、というのもレジリエンスを高めるということになる。

これまでの防災の考え方では、地縁型コミュニティの力が強いことが地域の防災力を考える上でとても重要であると言われている。一度火災が発生すると類焼してしまう地域ユニットを称して名付けられた「延焼運命共同体」[4]という言葉に代表されるように、地域の頑強性を上げるためには、地縁型コミュニティが共同して防災対策を行うことが不可欠である。災害直後の人命救助活動、さらには被災地に留まった人にとっては避難所の運営等において地縁型コミュニティの力は不可欠である。地域の頑強性を上げることもレジリエンスを高める上で重要な要素であり、決して否定するものではない。しかしながら、二〇〇四年の新潟県中越地震の事例のようにどれだけ地域コミュニティが強い地域であっても、一度災害に見舞われると地域からの移動が不可避であり、地縁型コミュニティが強いことだけがレジリエンスが高いことにはならない。

災害はある一定の場所に影響を与えるものであり、場所に根ざしている度合いが高い人ほど災害の影響は大きくなる。冗長性という観点で見ると、他の場所に生活・生業を営めるかどうかが鍵となる。農業は場所固着性の高い生業であり、災害に見舞われたからといって、そう簡単に他の場所に移れるものではないが、漁業の場合、船を別の島に移して災害後も継続して漁を続けることが可能である。一方、ピナツボ山麓の自然を生活の基盤とするアエタの人々の場合、他の場所で生活をすることはできない。そのためピナツボ山麓の自然が回復するまでは自分達の生活を回復することができなかった。

二〇〇九年のパダン地震で被災した災害後の姿はアエタの人々とは対照的である。災害発生から約三カ月後にパダンを訪問したが、住めなくなっている建物が多いにも関わらず、出稼ぎで有名なミナンカバウの人々は、インドネシア各地に同じく出稼ぎに出ている親族のところへ避難をしていた。パダンの華人コミュニティにおいてはさらに顕著であり、中国系の人々が多く住むオランダ植民地時代の建物が残る地区が壊滅的な被害を受けたが、この地域には住民の姿がほとんど見られず、被災した人は大都市の華人地区に避難をしている。さらにすまいの再建も出稼ぎに出ている人々の資金で行われるという話であった。出稼ぎに出ている人が多く、生活拠点や仕事場を複数持っていること、すなわち冗長性が高いことが、パダンでは災害による社会的影響を最小化する上で非常に有効に機能している。パダンの事例からも分かるように、流動性・移動性の高い人々の災害からの回復力は驚くほど高い。これはパダンに限ったことではなく、東南アジア地域は流動性の高い社会である[5]と言われ、二〇〇四年のインド洋地震津波により壊滅的な被害を受けたバンダ・アチェも流動性の高い社会であり、災害に対してしなやかに対応をしている。

回復力を構成するもう一つの要素である甲斐性とは、どれだけの資源を持っているかということである。これは何もお金だけに限ったことではなく、専門技能、体力、人間関係も重要な資産である。他の場所に移っても、働くことができる技能や体力、さらにはそこで仕事を見つけることができる人間関係をもっていれば、災害に見舞われても問題はない。リチャード・フロリダは「クリエイティブ・クラス」という概念を提示している。「科学者、技術者、建築家[6]、デザイナー、作家、芸術家、音楽家、あるいはビジネス・教育・医療・法律などに関わる職務に就き、その中心的な部分においてクリエイティビティを発揮することを求められている者」と定義されるが、彼らの特徴として自分の働きたい場所で仕事を選択する能力をもっていることが上げられる。こういった人々も災害に見舞われても、他の場所で容易に生活を再建することが可能である。

流動性・移動性の高い社会は、「甲斐性」「冗長性」を兼ね備えた災害に対して強い社会と言うことができる。しかしながら、何をもって「甲斐性」「冗長性」を兼ね備えているというのかというのは地域によって異なる。東南アジアの海域社会においては、「対人主義的人間関係ないしはネットワーク性」[7]が維持されているかどうかが社会の流動性や移動性を可能にする鍵となっている。また、東南アジア地域の「コネ」型の仕組みに対して、「クリエイティブ・クラス」に代表されるグローバル社会における流動性や移動性は、個々人の能力が「甲斐性」「冗長性」を担保している。いずれにしても自然災害は、ある特定の地域に影響を与えるものであり、災害に見舞われても他の場所へ移動できる「甲斐性」を持つ、他の場所でもビジネスをしているという「冗長性」の高さが、災害からの回復力の鍵となることは確実であり、移動能力の高さがリジリエンスの高い社会を構成する重要な要素となっている。

第④節…しなやかなすまい

二十世紀が戦災の時代であったとするならば、二十一世紀前半は巨大地震災害の時代となる。特に日本の人口・経済活動が集中する東京・名古屋・大阪といった地域は今後三〇年の間に地震災害に高い確率でみまわれる。東京では今後三〇年の間に、M七クラスの地震が、七〇パーセントの確率で、静岡〜高知の太平洋岸の地域では今後三〇年間の間に、M八クラスの東海・東南海・南海地震が、五〇〜七〇パーセントの確率で発生すると予想されている。首都直下地震による被害は、死者約一万一千人、経済被害（間接被害含む）約一一七兆円、東海・東南海・南海地震が連動して発生した場合の被害は、死者約二万五千人、経済被害（間接被害含む）約八一兆円にも及ぶ[8]と想定されている。一九九五年に発生した阪神・淡路大震災の被害が死者六、四三四

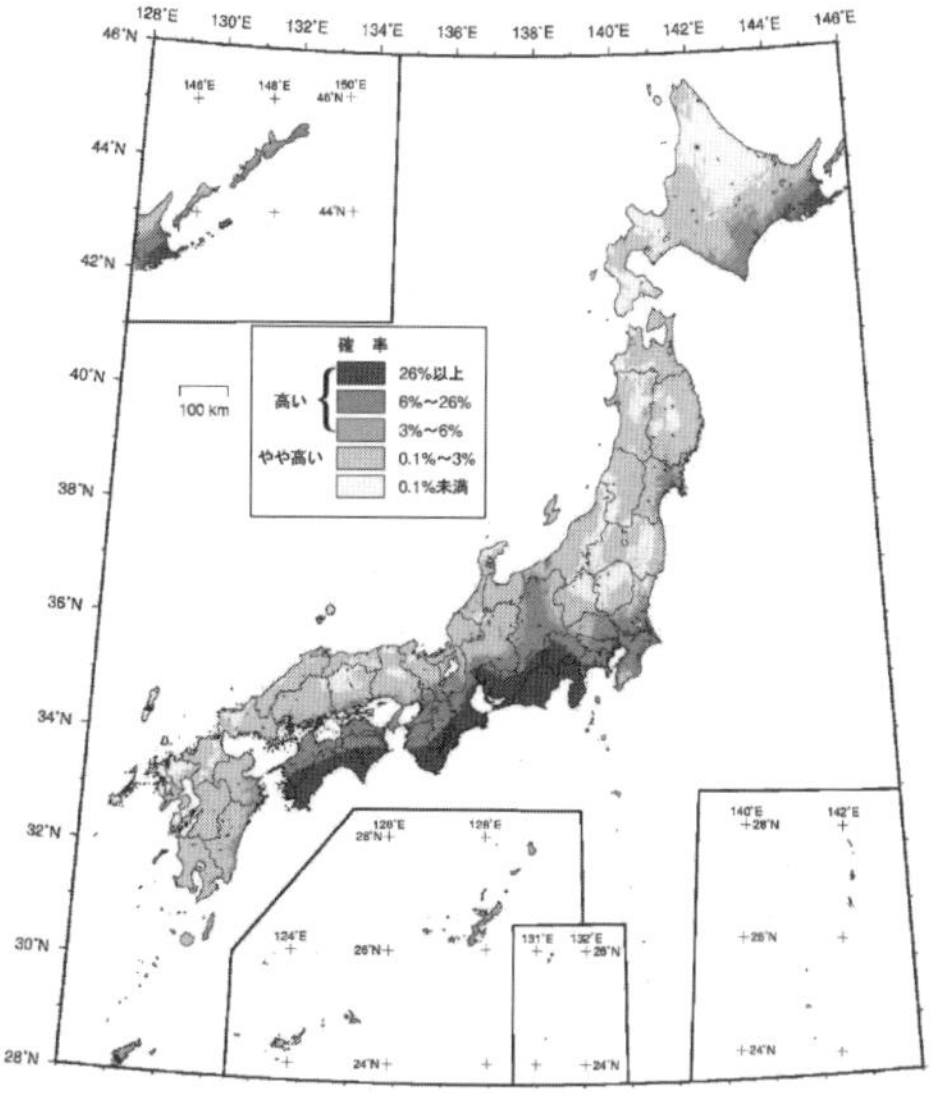

図3　今後30年以内に震度6弱以上の揺れに見舞われる確率の分布図[(12)]

人、直接的な経済被害が約一〇兆円であったことと比べても将来発生する地震による被害は桁違いに大きい。東京、東海・近畿・四国だけではなく、仙台も高い確率でM七クラスの地震の発生が予想されており、内陸地震は日本のどこでも発生する可能性がある。

東京を含む南関東地域は、陸域のユーラシアプレート、フィリピン海溝プレート、太平洋プレートの三つのプレートが衝突している場所に位置する。「陸側のプレート（浅い場所）と沈み込むフィリピン海溝プレートとの境界付近で発生する地震」は、M八クラスの地震となり大きな被害を発生させる。一九二三年に相模湾を震源として発生した関東地震大震災はこのタイプに当たる。関東地震により発生した関東大震災は、東京の火災被害が有名であるが、地震動による被害は震源に近い横浜・国府津・小田原において深刻で、沿岸では津波被害も発生した。関東地震大震災タイプの地震は、ほぼ二百年間隔で発生しており、一九二三年からまだ百年程度しか経過していないことから、南関東地域が関東地震大震災のような規模の地震に見舞われる可能はほとんどない。しかしながら、首都圏においては、関東地震大震災タイプの地震の間に、M七クラスの地震が数回発生しており、政府の地震調査研究推進本部は、東京は今後三〇年以内に七〇パーセントの確率で直下型地震などが発生するとしている。

また静岡~四国にかけての西南日本は、年間三~七センチのスピードでフィリピン海溝プレートが潜り込んでおり、フィリピン海溝プレートの沈み込みによるひずみの蓄積により、巨大地震が定期的に発生している。この地域では一〇〇~一五〇年に一回程度の割合で定期的に地震が発生しており、前回の発生は一九四四年の昭和東南南海地震、一九四六年の昭和南海地震である。この地震の発生から六〇年以上が経過し、次の南海トラフを震源とする地震の発生が懸念されるようになっている。二〇〇九年一月現在での東南海、南海地震の今後三〇年間の発生確率は、それぞれ六〇~七〇パーセント、五〇~六〇パーセントとなっている(9)。

南海トラフでの地震や関東地震大震災は、プレート境界で発生するわが国の大地震の代表例であるが、一九九五年の兵庫県南部地震は、陸域のプレートに存在する活断層が動くことにより発生した地震であった。地震の規模はそれほど大きくないが、直下で発生するため断層近傍で大きな被害を発生されるのが内陸地震の特徴である。阪神・淡路大震災の教訓をふまえ、政府は全国一〇九箇所の活断層について実態調査を実施した。その結果、およそ三〇の活断層が、「わが国の主な活断層の中では高いグループに属する」と評価された。首都圏近傍では「神縄・国府津~松田断層帯」、「三浦半島断層群」、近畿地方では「琵琶湖西岸断層」「奈良東縁断層」「上町断層」といった断層が発生確率の高い断層に分類されている。活断層やプレート境界型の地震の発生確率を総合的に表示したものが「確率論的地震動予測地図」であり、日本のどこに居ても地震に見舞われる可能性が高いことが分かる。

特に大阪の中心都市部に大きな影響を与える上町

断層を震源とする地震は、死者数約二万六千人で建物全壊棟数九七万棟と想定されており、首都直下型地震を上回る被害が予想される。上町断層の今後三〇年間の発生確率は二〇〜三〇パーセントとプレート境界型の地震と比べて少ないが、活断層の中では高い部類に入っており、人的被害や建物被害という側面から見ると、上町断層による地震は日本で最も危険な地震である。上町断層による地震の特徴として、地震動による膨大な建物倒壊がある（地震動によるものが一万五千棟、火災によるものが九千九百棟）。これは大阪の都心部に老朽化した木造住宅が集積していることが原因であり、昭和五五年以前に建てられた木造住宅密度の一位〜六位は、すべて大阪市の区部（七位は東京都荒川区）[10]が占めている。

現在、予想される地震災害の被害を減らすための対策は進められており、首都直下地震については死者約半減、経済被害約四割減、東海・東南海・南海地震については死者・経済被害を半減させる、という数値目標をもつ防災戦略が策定されている。地震による人的被害の大半は建物の倒壊、特に阪神・淡路大震災の場合はすまいの倒壊によるものであり、死者を半減させるためには物理的被害を減らす被害抑止対策を考えることが重要になる。そのため、一九八一年改正後の建築基準法のレベルの耐震性能をもつ建物の割合を、九〇パーセントにまで上げることを目標とした耐震改修促進計画が全国の自治体で策定され、建物の耐震化が進められている。また、経済被害には、物理的被害による被害と社会的影響による被害がある。政府の被害想定では首都直下地震の場合、物理的被害が六〇パーセント、社会的影響が四〇パーセント、東南海・南海地震の場合、物理的被害七五パーセント、社会的影響二五パーセントという割合となっている。この間接被害として経常されているのは主として経済活動への影響であり、すまいの被害に伴う一般の人々の生活支障の影響は含まれていない。個々人の生活支障を含めると、想定される社会的影響はより大きなものとなる。

どれだけ防災対策を実施しても、ある程度の被害が発生することは避けられず、発生した被害をどのように軽減するのか、について考えることは重要である。青井[11]は、日本の都市は、歴史的に培われてきた柔軟性・流動性を今もその根元に抱えており、ヨーロッパの都市のような、土地と建物が一体化した「かたい都市」とは異なると言う。この日本の都市の特性は火災、地震、洪水といった災害に日本の都市がたびたび見舞われてきたことと決して無関係ではないように思える。日本のすまいが「常ならざるもの」であったということも、災害が多い日本が経験的に持っていた災害とのつき合い方なのかもしれない。しかしながら、地震活動の静穏期に日本のすまいは、土地付持家の所有形態について大きな変化を遂げ、さらに耐震基準が強化されたことから、基本的に建物は壊れないもの（壊れてはいけないもの）と考えるようになり、災害により すまい移動することは悪いこと、「元の場所で再建するのが良いこと」というように、すまいと災害のつき合い方が大きく変化している。

二十世紀前半の日本に生きる我々にとって、災害、特に地震災害とどうつき合っていくのかは重要な課題である。物理的被害を抑止すると共に、社会的影響を軽減し、災害としなやかにつき合っていく必要がある。期間の長短はあれ災害によるすまいの移動が不可避である以上、「災害に見舞われたらすまいを移動するのだ」、すまいは「常ならざる」ものであるという感覚をもう一度取り戻す必要はある。そう考えれば、災害後、すまいの移動を余儀なくされても、そういうものなのだと納得でき、少しは気も楽になるのではないだろうか[12]。次章以降、災害とのつき合い方、災害に見舞われてもすぐに回復する「しなやかなすまい」のあり方について、日本だけでなく現在も災害としなやかにつき合っている、東南アジア地域の事例もふまえ考えて行きたい。

【第2章補注】

(1) Paul Oliver, *Encyclopedia of Vernacular Architecture of the World* (3 Volume Set)

(2) 高橋　誠、第9章津波被害の地域差、地理的特性、都市空間構造、pp.216-217、林　勲男編　みんぱく実践人類学シリーズ9　自然災害と復興支援、明石書店、2010

(3) 牧　紀男、移動する人々—災害の住居誌—、新建築学研究 Traverse、No.8、p.64、2000

(4) 加藤孝明他、建物単体データを用いた全スケール対応・出火確率統合型の地震火災リスクの評価手法の構築、地域安全学会論文集、No.8、pp.1-10、2006

(5) 立本成文、地域研究の問題と方法（地域研究叢書3）、p.216、京都大学出版会、1996

(6) リチャード・フロリダ、クリエイティブ資本論、ダイヤモンド社、pxix、2008

(7) 立本成分、p.216、1996

(8) 中央防災会議首都直下地震首都直下地震対策専門調査会、首都直下地震対策について、http://www.bousai.go.jp/jishin/chubou/taisaku_syuto/pdf/gaiyou/gaiyou.pdf、二〇〇九年四月二八日閲覧

(9) 地震調査研究推進本部、海溝型地震の発生確率値（二〇〇九年一月一日現在）、2009

(10) 内閣府（防災担当）、重点密集市街地が存在する市区町の昭五五以前木造住宅密度（上位二〇市区）、第三一回東南海、南海地震等に関する専門調査会参考資料、平成一九年

(11) 青井哲人、「「動くすまい」と「やわらかい都市」—土地・建物関係の再考」、すまいろん、No.95、住宅総合研究財団、2010

(12) 地震調査研究推進本部地震調査委員会、「全国を概観した地震動予測地図」報告書、p.27、平成一八年九月

第3章 世界の災害後のすまい

Ishinomaki Ogatsu

●第①節…災害後のすまいの時系列モデル

災害に見舞われると我々は、すまいが壊れる、水・電気・ガスが使えない、余震への恐怖、などといった理由により一時的に、人によっては恒久的にすまいを移動させる。災害後に移り住みのすまいとはどういったものなのだろうか。

災害に見舞われた人々は、被災後、時間の経過と共に「シェルター」(Emergency Shelter)→「仮すまい」(Transitional Housing)→「恒久住宅」(Permanent Housing)とすまいを移動させていく。シェルターとは、第一義的には人々が災害の危険を逃れ・安全に生活できる場所であると同時に食料・物資、情報が提供される場所でもある。スフィア・プロジェクト(Sphere Project)という、世界の災害救援機関が災害支援の世界標準を定めたプロジェクトでは、シェルターに求められる条件として、「安全かつ快適、健康に生活することが可能であり、厳しい環境下であっても人間らしく、また、家族・コミュニティ生活を営めること」をあげる。シェルターとして利用されるのは、テント・倉庫・体育館といった建物であり、プライバシーも確保できず、暑さ寒さを防ぐ構造とはなっていないため長期間生活を送るには適さない。すまいの再建には長い時間が必要となり、シェルターから恒久住宅に移動するまでの間のすまいが「仮すまい」である。

「仮すまい」には、自宅の仮修理、親戚・友人の家、ホテル、賃貸住宅といったさまざまな選択肢が存在する。しかしながら、地域の住宅ストックが大量に失われる大規模災害では既存ストックを使って「仮すまい」を確保することが困難となり、仮設住宅(Temporary Housing)が「仮すまい」の不足を補うために建設される。阪神・淡路大震災では約五万戸の応急仮設住宅が建設され、最長で五年間利用された。

シェルター→仮すまい→恒久住宅という三段階モデルが、災害後のすまいの標準的な時系列モデルであるが、三段階モデルには、「仮設住宅のコストが必要になる、復旧・復興に携わる人的資源が浪費される、被災者が二回移動する必要が生じる、恒久住宅が完成した後に仮設住宅が完成する」[1]といった問題も指摘されており、シェルター→恒久住宅という二段階モデルも存在する。恒久住宅が簡易なものである開発途上国においては二段階モデルが適用される場合が多い。一九九二年インドネシア・フローレス地震津波災害、一九九八年パプアニューギニア・アイタペ津波災害、二〇〇一年インド西部地震といった災害ではいずれも二段階モデルが適用された。

災害後の対応は、①人命救助を主たる目的とする緊急対応(Emergency Response)、②人間が生きる上での基本的な要求である衣食住の確保の支援を行なう応急対応(Relief)、③災害前の状況に社会活動を回復・再建する復旧・復興(Recovery)という三つの段階から構成される。緊急対応は、Golden 72 Hoursと呼ばれる生存救出が可能な発災後七二時間が中心となる。応急対応期の支援として実施されるのが「シェルター」の設置・運営であり、さらに復旧・復興が完了するまでの期間のすまいとして「仮すまい」の供給が行われる。応急期の住宅供給は人間が生きる上での基本的な機能に関する支援であり「シェルター」はできるだけ早く供給すること重要である。しかしながら、「恒久住宅」の段階になると早さは目標ではなく、国連のガイドライン[2]が「恒久住宅」を「満足できる解決策Durable Solutions」と呼ぶように、長期的な視点で考えることが必要になる。「恒久住宅」の供給に際しては、災害に対する安全性、地域の活性化、地域の文化・将来ビジョンについてもふまえる必要がある。

被災地の支援を行う国際機関にも、災害直後に被災地に入り人命救助・応急対応といった災害救援を専門にする機関と、復旧・復興を専門とする機関がある。通常、「復旧・復興」は地域開発と不可分の関係にあり、開発支援を専門とする機関により実施される。国連を例にとると、応急対応期までは国連人道問題支援事務所（ＯＣＨＡ)、復旧・復興については国連開発計画（Ｕ

ＮＤＰ）が担当するという関係になっている。

二〇〇四年に発生したインド洋地震津波ではインド洋に面した多くの国々が被災した。クリスマスシーズンに発生し、さらに多くの欧米人が被害を受けたことから、世界の耳目を集め災害救援機関に巨額の支援金が寄せられ、かつてない規模での支援が行われた。最も大きな被害を受けたインドネシアでは、三段階モデルが適用され、災害直後はテント村が内陸部に設置され、その後「仮すまい」としてのバラックが建設された。しかしながら、「仮すまい」の建設と同時平行で、災害救援団体による「恒久住宅」の建設が実施され、未だバラックに入れない人がいるのと同時に恒久住宅に入居する人も存在するなど「シェルター」→「仮すまい」→「恒久住宅」という災害後のすまいのフェーズに混乱が発生した。また、早期に建設された恒久住宅については、「早く」という応急対応期までの目標が優先され、耐震性が低い住宅が建設されるという問題も発生した。

「シェルター」・「仮すまい」という応急的なすまいと「恒久住宅」では達成するべき目標が異なる。応急的なすまいは、できるだけ早く、ということが重要であるが、災害からの復旧・復興は地域の活性化、防災力を高めるため機会でもあり「恒久住宅」は、急ぐのではなく長期的な視点に立って考える必要がある、ということを十分に理解する必要がある。以下、実際の災害後のすまいの姿について紹介していく。

第②節…世界のシェルターと仮設住宅

日本では「災害後の避難所（シェルター）＝学校」というイメージがあるが、学校を避難所として利用するのは世界で見ると希有な例である。世界各国ではむしろ、地震で学校が倒壊することが問題となる。一九九九年台湾・集集地震、二〇〇四年中国四川省・汶川地震では多くの学校が地震により倒壊した。集集地震は深夜（午前一時四七分）に発生したため児童・生徒の人的被害は発生しなかったが、この四川汶川地

写真1　四川省汶川地震により倒壊した学校（汶川県映秀鎮）

震は授業時間中（午後二時二八分）に発生したため、多くの児童・生徒が建物の下敷きになり命を失った。日本においても自然災害により学校が倒壊し、多くの児童・生徒が失われた事例が存在する。一九三四年に関西地域を襲った室戸台風では、多くの児童が小学校の木造校舎の倒壊により命を失い、室戸台風を契機に大阪・京都の小学校は鉄筋コンクリート造へと建て替えられた。

国連のガイドラインは、災害により住宅を失った人々のシェルターを、①親族・友人の家（Host Families）、②都市の空住居(Urban Self-settlement)、③農村部の共有地の小屋がけ(Rural Self-Settlement)、④既存建築物を利用したシェルター（Collective centres）、⑤自力建設のキャンプ（Self-settled camps）、⑥避難キャンプ（Planned camps）という六つのパターンに分類している。①〜③は家族毎に個別にシェルターを確保する型式で、④〜⑥は集まって住む型式となる。また、関東大震災や米国ハリケーンカトリーナ災害で多くの人々が被災地へ疎開したように、シェルターが被災地外で確保される場合もある。自然災害だけでなく、戦争や紛争による難民・化学物質流出のような人為災害においても被災者救援のためにシェルターは設置される。こういった場合のシェルターは、安全を確保することが主目的となり、被災地内ではなく被災地を離れた非戦闘地域である場所に設置される。

親族・友人の家で避難生活を送るというのは、阪神・淡路大震災でも多くの人々が選択した最も基本的な避難の型式である。大規模災害時には、衛生・治安状態も悪く、ライフラインが停止している被災地からの疎開が、災害対応として実施される。日本ではあまり見られないが、無料バスを用意して被災地の人々を出身地の田舎へ戻すという対応はよく見られる対策である。二〇一〇年のハイチ地震では、田舎に親戚がある場合は被災地を離れ疎開をするよう政府が、被災者に対し呼びかけ無料バスの運行が実施された。

都市の空住居・ホテルをシェルターとして利用することは、それほど大規模ではないが日本でも実施されている。公営住宅の空住居や賃貸住宅、ホテルがシェルターとして利用される。阪神・淡路大震災では全国の公営住宅の空住戸がシェルターとして利用された。米国では、この型式が最も一般的であり、災害時はホテル・モーテルがシェルターとして利用される。二〇〇一年の同時多発テロでは、有名なプラザホテルもシェルターとして利用された。自然災害ではあまり事例が無いが、戦災では人が住まなくなった住居を不法に占拠して、シェルターとして利用するような事例も存在する。

農村部の共有地に小屋がけを建てシェルターとして利用する事例は、津波災害のように災害前の場所が危険で生活できない場合に見られる。二〇〇七年に発生したソロモン諸島津波災害では、海岸部に居住する一九六〇年代にキリバスから移民してきた人々が被害を受けた。彼らは、一九五五年頃に宗主国イギリスの政策により人口増加による土地不足・水不足問題が深刻になっていたキリバスから移民してきた人々であ

写真2 2007年ソロモン諸島津波後のシェルター

る。被災した人々は海の近くで生活を恐れ、内陸部の政府・民間が所有する土地にシェルターを設置し、避難生活を送った。このタイプのシェルターで問題となるのは土地の所有権の問題である。災害直後は、被災して大変だろうということで自分たちの土地に被災者が住むことを黙認、さらには支援を行なうのであるが、避難生活が長期化するに従って、土地を利用し続けることに対する圧力が高まる。ソロモン諸島でも避難生活が長期化、さらには集落をシェルターが設置された場所へ恒久的に移転するという議論もあり、土地の利用に関する問題が発生した。

既存建築物を利用したシェルターは日本では最も一般的な型式であるが、開発途上国ではほとんど見られない。日本以外の事例としては米国ではハリケーン災害時のシェルターとして屋内競技場や会議施設が利用される。二〇〇五年ハリケーン・カトリーナ災害では、避難命令が発令されたにも関わらず避難しなかった人の「最終避難地（Last Resort）」としてスーパードー

写真3　ハリケーンカトリーナのニューオリンズからの被災者用のシェルター（アストロドーム）（出典：FEMA）

ムがシェルターとして利用された。しかしながら、スーパードーム周囲も浸水し、被災者に対して十分な支援が行えないことから被災者の移送が行われ、ヒューストンのアストロドームが移送した被災者のシェルターとして利用された。

自力建設のキャンプとは、ソロモン諸島津波被災時のように当初は自主的にシェルターが設置されるが、その後、政府・援助機関により医療施設・仮設学校・食料倉庫といった共有施設が設置され、救援拠点となる事例である。事前に避難場所の指定が行われていない地域では通常、こういった型式でシェルターが整備される。一九九八年に発生したパプアニューギニア・アイタペ津波災害では、ソロモン諸島津波災害と同様に、災害直後、人々は津波を恐れ内陸部にある畑に避難し、その場所に小学校、教会、簡易医療施設、井戸、給水タンクが援助団体により設置されケアセンターと呼ばれるようになった。しかしながら、このタイプのキャンプにおいても土地所有権が問題となることがあ

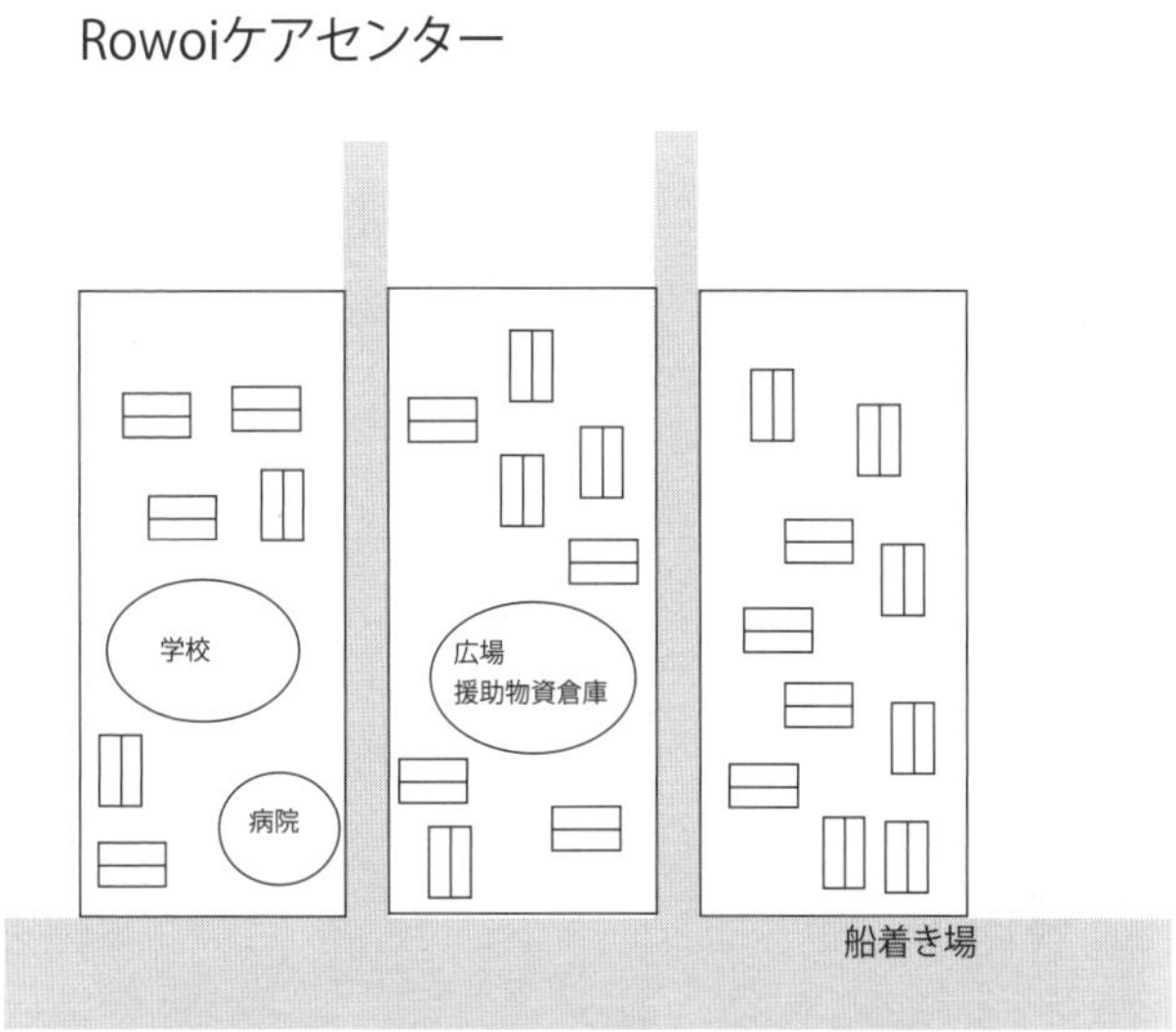

図1　ロヴォイ（Rowoi）ケアセンターの配置図

り、パプアニューギニアの事例でも、先住の人々と土地の境界を巡って問題が発生した。

避難キャンプとは、ライフラインや医療施設、学校等の社会基盤も完備されたシェルターのことであり、公園のような大きな空地に整備される。中国では大規模公園をシェルターとして指定し、給水設備等の整備を進めている。日本では、大規模公園が「広域避難場所」として指定されているが、広域避難場所は火災から命を守るための一時的避難場所（Evacuation Center）でありシェルターとは異なる。しかしながら、避難キャンプは「自然災害の場合は、適切な選択ではなく必要もないが、最後の選択肢として考える必要があるものである」[(3)]とされる。通常は、自然災害ではなく、地域紛争や戦争など大規模な難民発生がある場合に設置されるものが、避難キャンプである。

このようにシェルターにはさまざまな型式があるが、シェルターの建物としてはテントや小屋がけが使われる。シェルターをつくる上で最も重要なのが雨つゆをし

写真４　シェルターの屋根材（ブルーシート）

のぐための「屋根材」である。屋根を支える架構方法は、文化的特質・利用可能な材料により地域毎に異なるが、シェルターの屋根材はどこでも「プラスティックシート」（通常はブルーシート）である。パプアニューギニアの場合は、シェルターとして利用された小屋掛けがそのまま恒久住宅に成長し、屋根材が「ブルーシート」から「にっぱ椰子」に変化した。ヤシの葉を乾燥させるのに時間が必要なため、ブルーシートが屋根材として使われたのである。大量のシェルターを短時間に供給するというテーマは、建築家にとって魅力的なようで、さまざまな提案が行われているが実際に役に立った事例は少ない。シェルターを考える上で、我々はどのようにして屋根を支えるのかを問題にするのであるが、現地の人に架構はそれほど難しい技術ではなく、むしろ被災地では屋根材をどうするかが問題となっている。現在のところ屋根材としてブルーシートを配るというのがシェルターに対する最良の解決策のようである。

住宅ストックが大量に失われた場合には、残った住

写真5　コンテナを改造した仮設住宅

宅だけでは「仮すまい」をまかなうことができず仮設住宅が建設される。政府が建設する仮設住宅団地は、先述の「避難キャンプ」に対応する。日本では、政府が供給する応急仮設住宅としては、通常は建設現場の事務所に利用される簡易なプレファブ建築が利用される。阪神・淡路大震災では約五万戸という大量の需要に対応するため、通常は住宅に利用されるプレファブ住宅、さらには海外から輸入したプレファブ住宅も応急仮設住宅として利用された。政府が供給する応急仮設住宅に加えて、自力で仮設住宅を確保する事例も存在し、阪神・淡路大震災では、通常のプレファブ建築に加え、神戸港に多くある海洋コンテナも仮設住宅として改造して利用された。プレファブ建築である仮設住宅は再利用が可能であり、阪神・淡路大震災で利用された応急仮設住宅の一部は、一九九九年に相次いで発生した台湾・集集地震、トルコ・マルマラ地震で仮設住宅として利用された。輸送には海上自衛隊の護衛艦も一部利用され、床が畳であることが懸念されたが、

made in Japanということでむしろ歓迎され、さらに日本村ということで日本の被災地との交流も行われた。

日本ではプレファブ建築を仮設住宅として利用するのであるが、米国ではトレーラーハウスを仮設住宅として利用する。二〇〇五年ハリケーンカトリーナでは最大で十二万戸以上のトレーラーハウスが連邦政府により供給された。日本では政府が供給する仮設住宅は公有地や民有地を借り上げて仮設住宅団地として設置されるのであるが、米国では、まとまって設置されるものもあるが、通常は各住宅の前庭にトレーラーハウスが設置される。連邦政府はトレーラーハウスを常時ストックしており、通常の利用期間は十八カ月であるが、ハリケーンカトリーナでは期間を延長して利用することが認められた。

米国も災害後の仮設住宅は長い歴史をもっており、一九〇六年に発生したサンフランシスコ地震でも「Shark」と呼ばれる緑色のペンキで塗られた木造の仮設住宅が、十一カ所のキャンプに計五、六一〇戸建設された[4]。一九〇七年の八月にはキャンプの閉鎖が始まったが、ほとんどの仮設住宅は自宅の敷地へと移設され二〜三棟を連結して恒久住宅として利用された。サンフランシスコ地震から百年以上経過したが、移設された仮設住宅は現存しており、先頃まで住宅として利用されていた。地域のグループが保存運動を行い、現在はサンフランシスコの動物園で一九〇六年サンフランシスコ地震の資料室として利用されている。

一九九九年台湾・集集地震、トルコ・マルマラ地震

1999 Taiwan

1999 Turkey

写真6 トルコ、台湾で再利用された阪神・淡路大震災の応急仮設住宅

写真7　ハリケーンカトリーナ後に設置されたトレーラーハウス

写真8　現在も残る1906年サンフランシスコ地震の仮設住宅

の仮設住宅が日本から送られたものと同様にプレファブ住宅が仮設住宅として利用された。どのような建築が仮設住宅として利用されるのかは地域によって異なり、二〇〇四年インド洋地震津波後に設置された仮設住宅は高床木造の建築であった。インドネシアで利用された仮設住宅には棟割り集合住宅と各戸に設置される戸建の二つのタイプが存在し、集合住宅タイプのものは完全な木造であったが、戸建タイプはスチール骨組・壁が木材という型式であった。二〇〇四年四川汶

写真 9　2004 年インド洋地震津波後の応急仮設住宅

写真 10　汶川地震の仮設住宅

川地震では膨大な量のプレファブ仮設住宅が建設され、中国人民日報によると三カ月で四四五万四千世帯を対象に仮設住宅が供給された。仮設住宅団地をつくると常に問題となるのが、どのようにして団地を解消するかということである。これはなぜ先述の避難キャンプを設置しないのか、ということに対する答えなのであるが、仮設住宅団地にはいつも賃貸住宅に住んでいた低所得者が取り残される。一九九九年トルコ・マルマラ地震、二〇〇四年インド洋地震津波災害では仮設住宅団地を解消するため、持家層に加えて、仮設住宅居住者残った賃貸住宅層に、恒久住宅の供給が実施された。

第③節…災害後の恒久住宅の供給手法

すまいの再建における最終目標は「恒久住宅」の確保であり、災害からの復興においては二度と同じ災害に見舞われないということ、地域の持続性の確保ということが目標となる。どのように恒久住宅が再建されるのかについて考える場合、①個別—集団、②被災した場所—移動という二つの軸で整理するとわかりやすい。最も一般的な災害後のすまいの再建方法は、被災した場所ですまいを再建するという「個別—被災した場所」型の方法であり、ほとんどのすまいは、この形式で再建される。同じ場所に再建する場合でも、個々の敷地が狭小で一戸建てのすまいを再建することができない、土地の高度利用を図りたい、などの意向がある場合、個別にすまいを再建するのではなくコミュニティごとにまとまって「集団—被災した場所」型としての再建が行われる。日本の災害復興で実施される土地区画整理事業や都市再開発事業はこの形式でのすまいの再建である。

一方で、これまで述べてきたように災害を契機として「すまいを移動する」人も数多く存在する。「個別—移動」型での住宅の再建は、被災地からの転出であり、二〇〇五年ハリケーンカトリーナ災害により市域の八〇パーセントが浸水するという大きな被害を受けたニューオリンズでは、多くの人が「移動すること」を選択し、被災後、人口が大きく減少した。災害時、住宅を所有していなかった賃貸住宅居住者は基本的にはこの形式ですまいの再建を行う。新たな場所で住宅を再建する場合のもう一つの形式である「集団—移動」型での住宅再建は、「集団移転」と呼ばれる。集団移転は、二度と同じ災害に見舞われないように、津波災害後に内陸に移動する・地盤の悪い地域から都市を移転する、いうように、より安全にすまいを再建するために選択される手段となる。

二〇〇四年インド洋大津波では、「個別—被災した場所」「集団—移動」「個別—移動」という型式で恒久住宅の取得が行われ、日本とは異なり「集団—被災した場所」という同じ場所でより安全なまちを再建するという型式での再建はあまり実施されなかった。スリランカでは、災害前は守られていなかった沿岸部の開発を規制する法律を災害後のすまいの再建において厳密に適用し、海から一〇〇〜二〇〇メートルの場所を居住禁止とし、海岸部に住んでいた被災者は政府が用意した「再定住地」へ移動した。しかしながら、元の場所での個別再建が最も多く、当初は「移転」と「現地再建」の割合は一緒であったが居住禁止区域の緩和が行われ、最終的に「個別―被災した場所」（五五、五二五→九八、三二二戸）、「集団―移転」（四三、〇〇〇→二一、五七八戸）となった。インドネシアでは二〇〇五年四月に公表された復興計画（通称ブループリント）で、地域ごとに海岸に近い地域の一部を居住禁止とする案が公表したが、基本的には被災した住宅所有者に最低限の住宅（三六平米）を供給するという方針で住宅再建が行われた。計画供給戸数一三二、九二八戸に対して、二〇〇七年十月までに七七パーセントに当たる一〇二、〇六八戸の住宅の供給を行うという非常に早いスピードで恒久住宅の再建が行われた。

二度と同じ災害に見舞われないということが、すまいの再建の最終目標であるが、インドネシアの恒久住宅の供給においては、一三万戸という膨大な戸数の住宅を供給することが主眼となり、恒久住宅の本来の目的である安全性の問題、地域の活性化の問題があまり考慮されることなく恒久住宅の建設が実施された。その結果、供給主体ごとに様々なスタイルの住宅が供給され、まちはインドネシアの研究者が住宅のディズニーランドと呼ぶような姿になった。地震活動が活発な地域に建設されるにも関わらず施工の迅速性だけを考えた住宅が建設され耐震性が低い住宅も建設された。

インド洋津波の地震では持家層を対象とした住宅再建支援が当初実施されたのであるが、災害後のすまいの再建支援については「被害額に応じて支援する」「必要性に応じて支援する」という二つの基本的な考え方が存在する。「被害額に応じて支援する」というのは、借家の人と持家の人を比較すると、持家の人は住宅を失っているので経済的な被害という面では被害は大きく、経済的被害額の大きい持家の人を対象に恒久住宅再建支援を実施するという考え方である。それに対して「必要性に応じて支援する」というのは、災害後、恒久住宅を確保できなくて困窮する人々（通常は賃貸住宅に住んでいた低所得者や高齢者）を対象に支援を行う、という考え方である。

「被害額に応じて支援する」すなわち持家の再建を公的に支援するということについては二つの側面からの問題点が指摘される。一つは私有財産であるすまいの再建に税金を使うことは私有財産の形成に税金が使われることになり、税金の使い方として不適切であるという考え方である。もう一つの論点は防災的な観点からの指摘であり、災害で家が壊れても住宅再建に公的支援が行われるのであれば、災害前に耐震改修等をして災害に強いすまいをつくるインセンティブが働かなくなるというものである。持家再建に対する直接支援は、こういった問題があり、先進国においては、住宅ローンの利子補給等が行われることはあっても、政府が持家の住宅再建を直接支援することは基本的にはない。しかしながら、ハリケーンカトリーナ後、米国で最大一万五千ドルまでの持家の住宅再建の支援が行われた。これは米国の自然災害後の住宅再建は保険金を使って行うことになっているのにも関わらず、大規模浸水により政府が保険に入る必要がないと言っていた地域まで浸水し、洪水保険で住宅再建を行うというスキームが機能しなくなったことが背景にある。

しかしながら、開発途上国においては、二〇〇四年インド洋地震津波災害の事例でも述べたように持家層を対象として住宅再建支援が実施される。一九九九年トルコ・マルマラ地震では、トルコ政府は自然災害により持家を失った被災者に対して住宅を与えるという法律を持っていたこともあり、持家層に対して住宅が無償で提供された。経済的な損失額が大きいという理由で持家だけを対象とした住宅再建支援を実施した場合に問題となるのは賃貸住宅に住んでいた人々である。大量の住宅ストックが失われると住宅の絶対量が不足のため賃貸層も新たなすまいを見つけることができず、仮設住宅団地に賃貸層が取り残される。トルコ、インドネシアの場合とも、先述のように仮設住宅団地

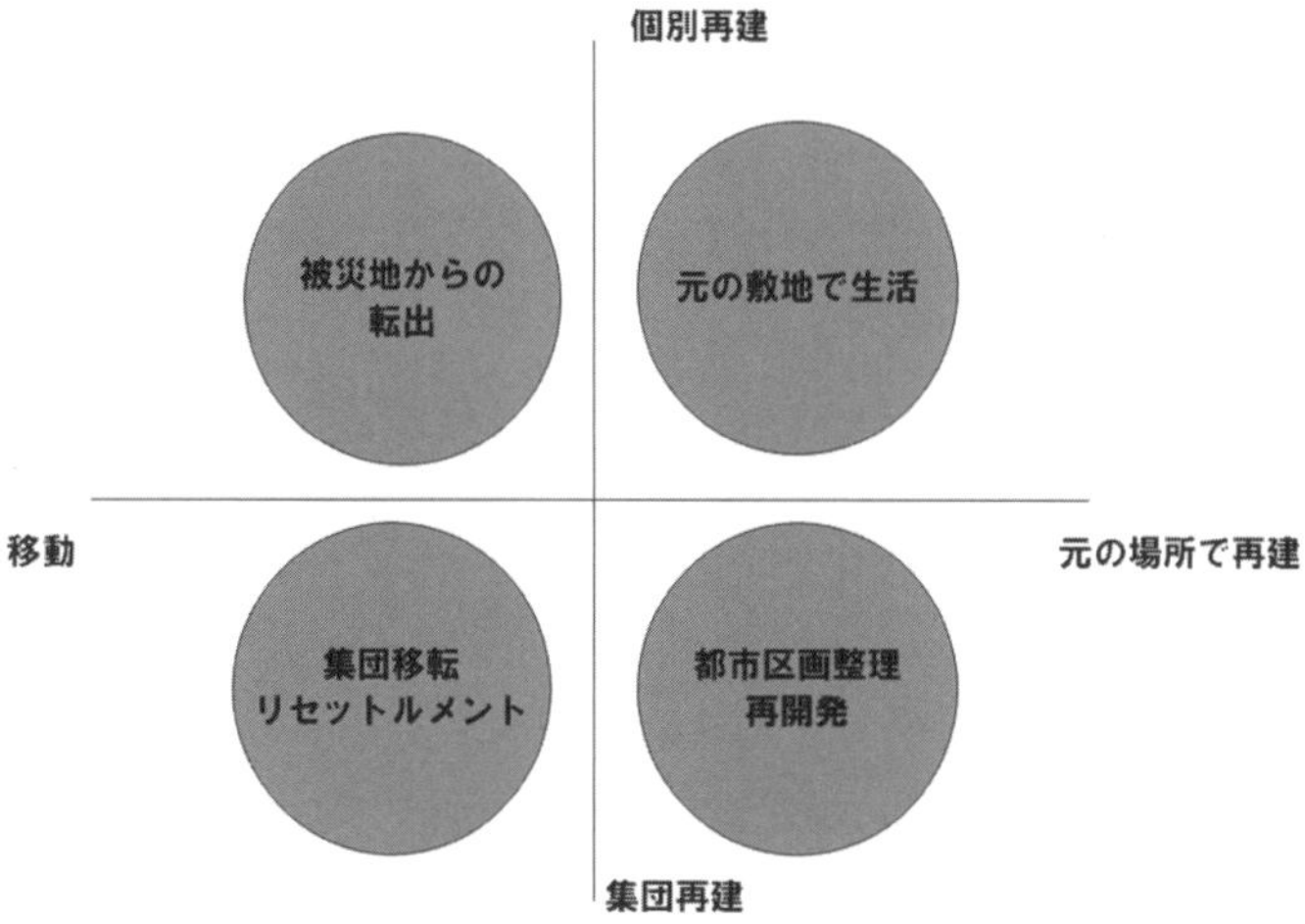

図２　恒久住宅再建のモデル

の解消のため、支援対象を賃貸層に拡大し、恒久住宅の供給が行われることになった。

一方、「必要性に応じて支援を行う」という考え方では低所得者・賃貸住宅層が支援の対象となる。日本ではこの考え方に基づく支援が行われており災害で住宅を失い、自らでは住宅を確保することができない人々に対して、災害復興公営住宅が供給されている。阪神・淡路大震災では、最終的に三万八千六百戸の災害復興公営住宅が新たに建設された。しかしながら持家に対しては利子補給以外には全く支援が実施されなかったことが問題となり、阪神・淡路大震災の反省をふまえ「被災者生活再建支援法」が制定された。現在、自然災害により住宅が全壊し、再建した場合、三百万円の支援が実施されるようになっている。しかしながら、支援金は各都道府県の拠出金により賄われており、基金の積み立てが十分でないことから首都直下地震や東海・東南海・南海地震のような巨大災害が発生した場合、この制度が機能するかどうかは不明である。日

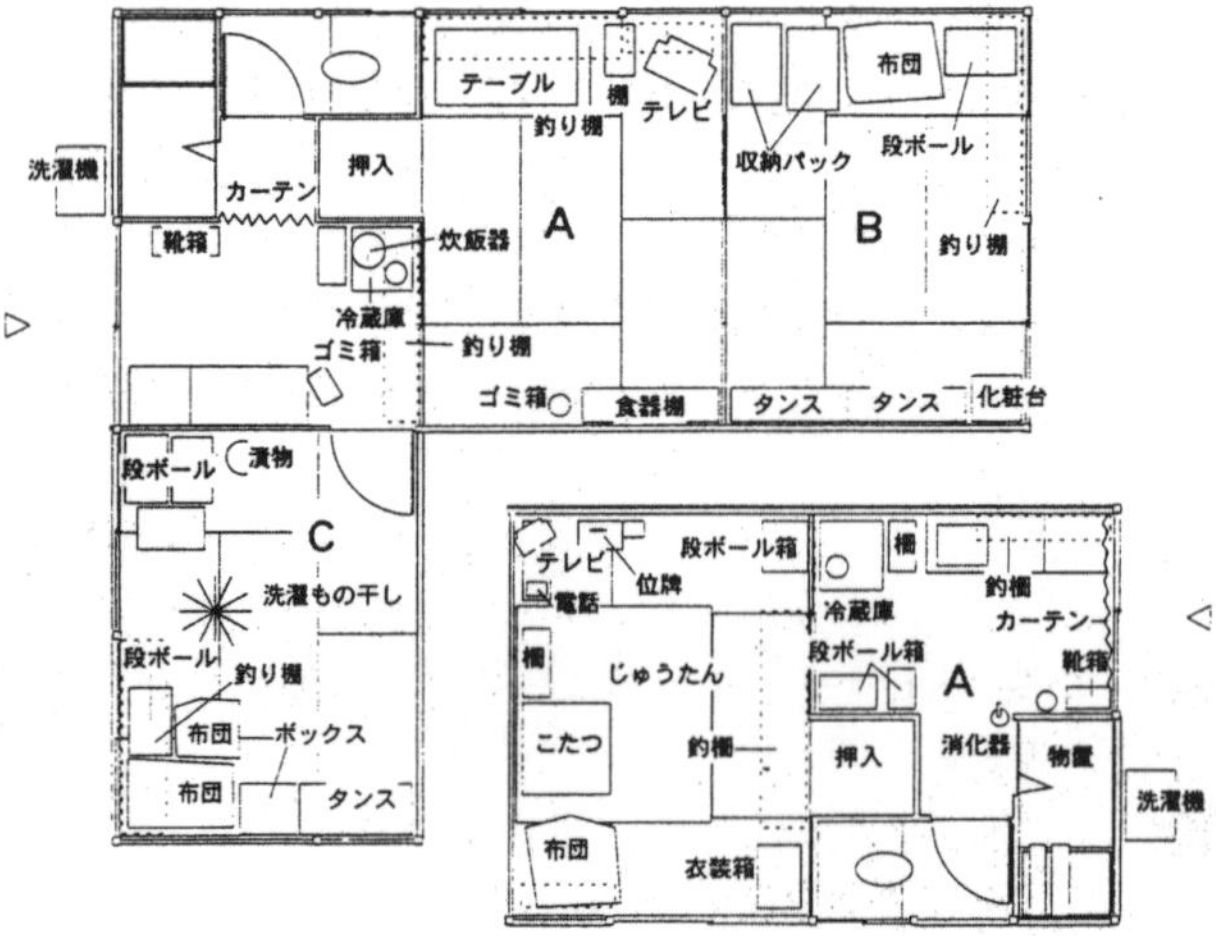

図3　1991年雲仙普賢岳噴火災害後の応急仮設住宅の住みこなし

本においてはすまいの確保はあくまでも自己の責任であり、災害のすまいの再建支援については「必要度に応じて行う」という考え方が基本となっている。

第④節…災害後の環境適応

災害に見舞われ移動する人々は、移り住んだ先の新たな環境に適応していく必要がある。災害直後に移り住むシェルターはプライバシーの確保すら難しい空間であり、個人の空間形成はほとんど行われないが、その後の「仮すまい」「恒久住宅」とすまいを移動していく中で人々は新たなすまいを住みこなしていく。

一九九一年雲仙普賢岳噴火災害では、火砕流・土石流の被害の恐れがある地域が居住禁止となり、一、四五五戸の応急仮設住宅が建設され、危険な区域に住む人々は、自宅の被害の有無に関わらず仮設住宅で生活をすることとなった。また一九九三年には北海道・奥尻島が津波に襲われ大きな被害を受けた。北海道南

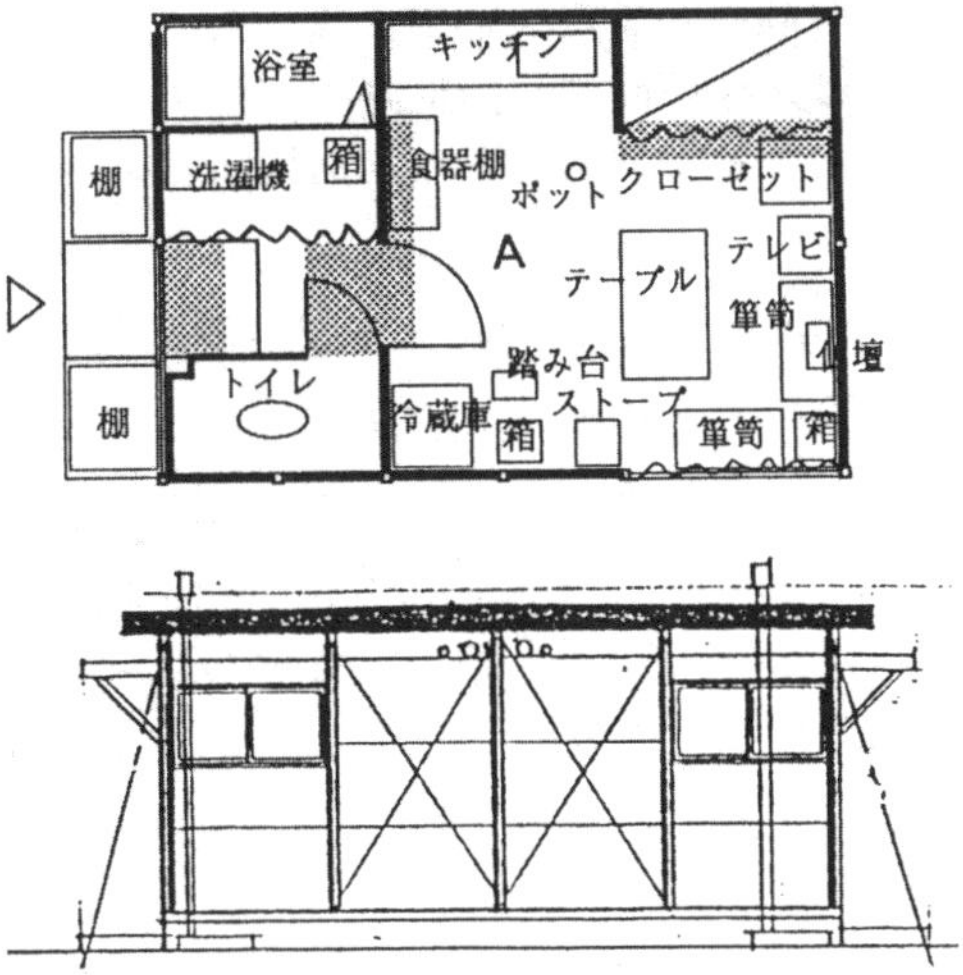

図4　1993年北海道南西沖地震後の応急仮設住宅の住みこなし

西沖地震と呼ばれるこの災害では奥尻島・対岸の地域が大きな被害が発生し四〇八戸の応急仮設住宅が建設された。いずれの災害でも家族人数に応じて1K、2K、3Kという三つのタイプの応急仮設住宅が建設され、応急仮設住宅に移住した人々は、新たな環境に適応するために仮設住宅の「住みこなし」を行っていった。

日本の仮設住宅の住みこなしの中で顕著な事例は、靴脱ぎがないため、玄関にガムテープを張って靴脱ぎの境界を示す（雲仙）、風除室を増築して靴脱ぎとする（奥尻）といった「靴を抜いて家に入る」という日本の基本的なすまい方を維持するための改造である。「仮すまい」という最低限の居住環境を構築する場合においてもすまいの文化的側面が現れてくるということは非常に興味深い。もう一点、特徴的なのは「仮すまい」だからという理由で荷物片づけない・絵をかけない等々、全く住みこなしを行わない人々が存在することである。このような、災害後の新たな環境に上手く適応できず、災害後のすまいの移動に問題を抱える

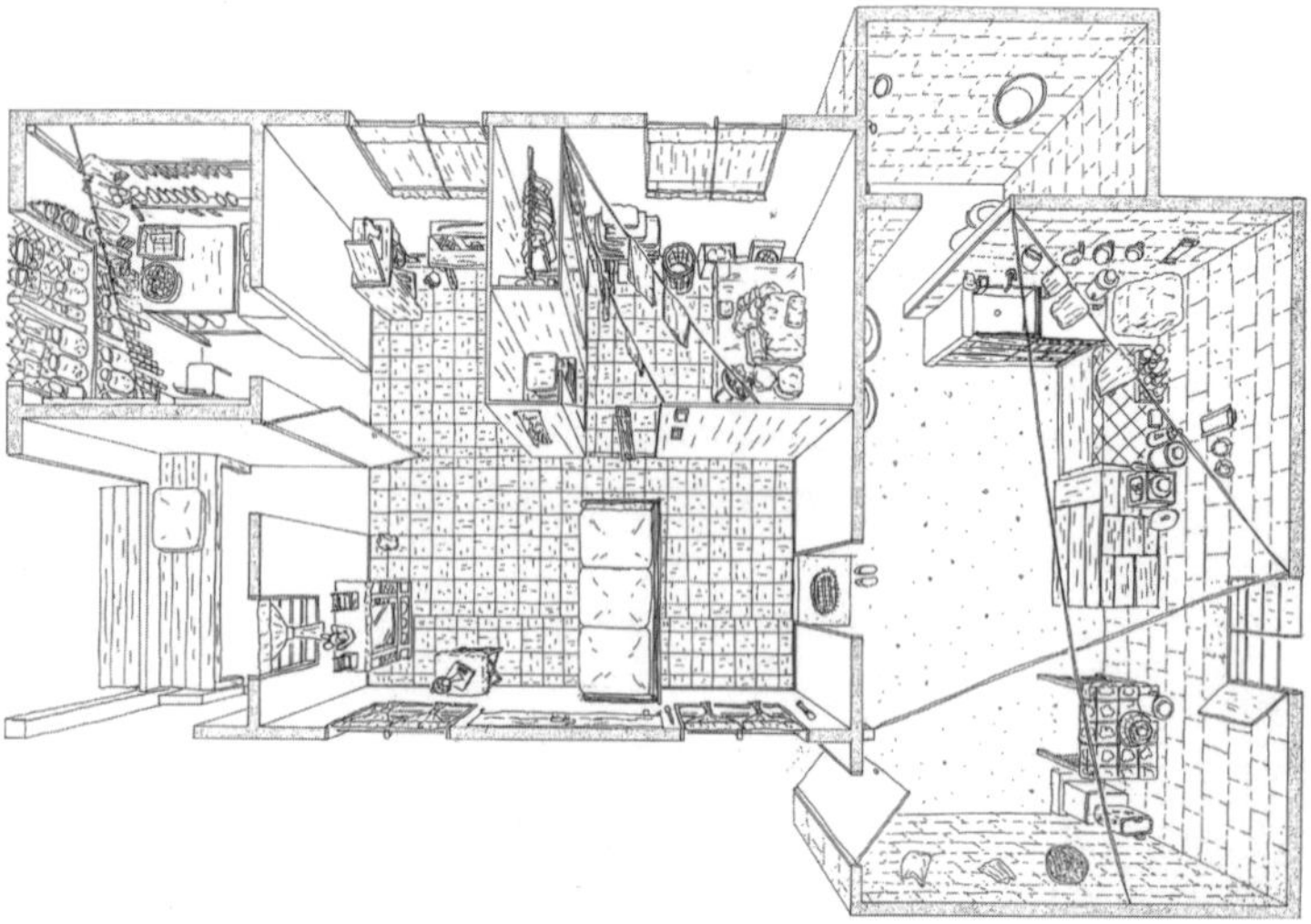

図5 ピナツボ噴火災害後のコアハウジングの住みこなし（作図：豊嶋太朗）

人達も多く存在する(6)。

災害後の新たな環境への適応という観点から興味深いのはコアハウジングによる恒久住宅の供給である。コアハウジングとは、一九七〇年代後半に、スラム・クリアランスで用いられた住宅供給手法であり、台所・バス・トイレといった住宅として最低限必要な機能をもつ住宅を供給し、居住者は、家族数・お金の余裕に応じて、自らで内装仕上げ・増改築を行っていく。アジア地域の災害後の恒久住宅供給手法としてはコアハウジングが一般的であり、一九九〇年フィリピン・ピナツボ火山噴火災害、一九九二年インドネシア・フローレス島地震津波災害、二〇〇四年インド洋地震津波災害においてもコアハウジングによる恒久住宅の供給が実施された。アジア地域で災害後の恒久住宅供給にコアハウジングの手法が利用されるのは、低コストで早く住宅を供給するということに主眼がある。しかしながら、コアハウジングは、住みこなしを行うこと前提とした住宅供給手法であり、災害後の新たな環境への

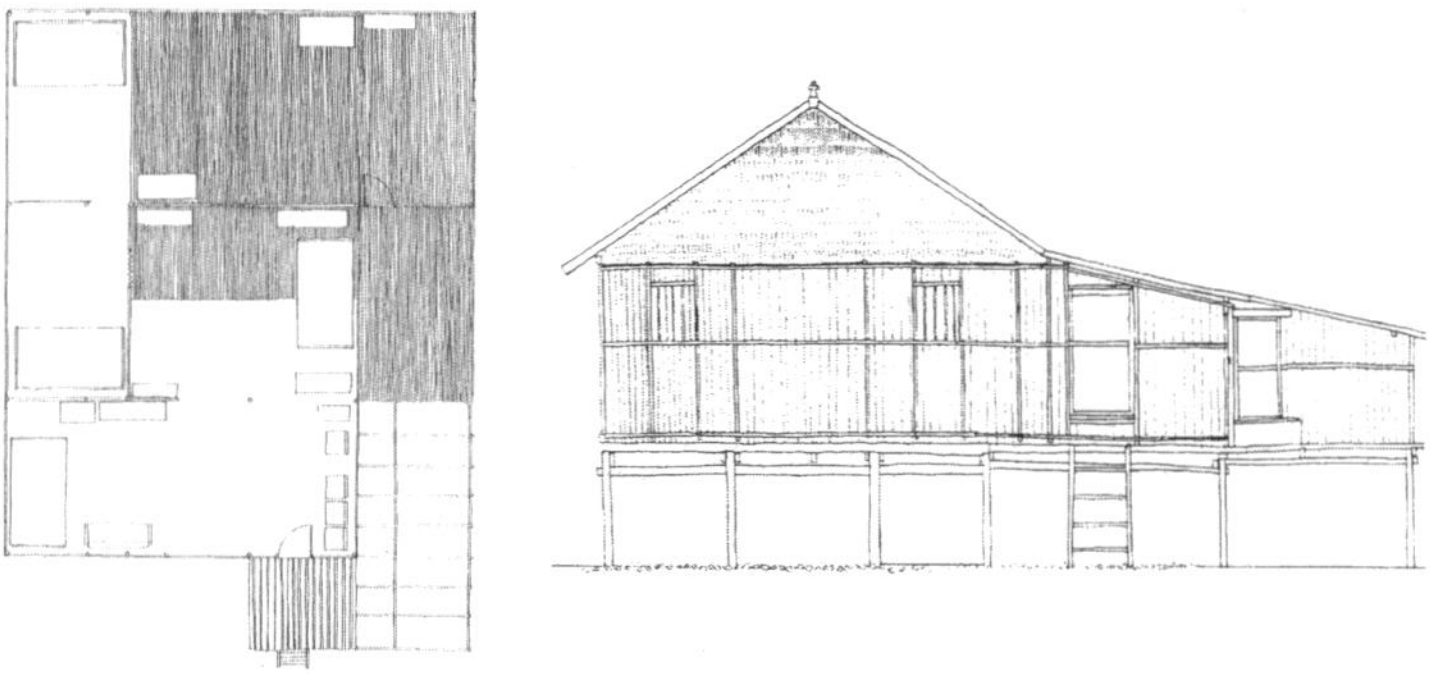

図6　災害前のバジャウの住居

適応するためには、住みこなしや新たな環境への能動的な働きかけが不可欠であると考えると、災害後の環境移行を容易にするという側面もある。

一九九〇年ピナツボ噴火災害では、先述のピナツボ山麓に住むアエタだけでなく、平地に住むLowlanderと呼ばれる一般のフィリピン人も被害を受けた。火山活動の収束後も雨が降るたびに火山灰を含む土石流が流れ出し、平地部においても多くの集落・農地が火山灰の下に埋まった。政府は、すまいを失ったLowlanderのために、学校・役所・工場といった公共施設も併設した一一カ所の再定住地を建設し、計二八、〇六二戸の住宅を供給することを計画した。また、政府の再定住地に加えてＮＧＯによる住宅供給も実施され、いずれの再定住地においてもコアハウジングによる住宅供給が行われ、居住者自身による住みこなしが行われた。

一九九二年インドネシア・フローレス島の事例では[5]、復興に際して政府は津波に襲われる危険性が高い海岸部を居住禁止とし、海岸部の集落の内陸部の市定住地へと移転させた。海岸部から再定住地に移動した多くはバジャウの人々である。バジャウは、インドネシア東部〜フィリピンにかけて居住する漂海民として知られ、以前は船家でまさに漂海の生活を行っていたのであるが、政府の定住化政策もあり、現在は海の上に建てられた杭上集落で生活をするようになっている。

フローレス島のバジャウも珊瑚礁の上に建設された杭上集落に住んでおり、津波により壊滅的な被害を受けた。災害前の住宅は海上に建てられた高床住宅で、床までの高さは一・五〜二メートル程度、「かまど」も床上に設けられ、床は竹で葺かれていた。また、屋根は切妻で棟飾りが付いており、妻飾りのデザインはそれぞれのクランと関係があると言われている。しかしながら、再定住地に設置されたコアハウスは、延床面

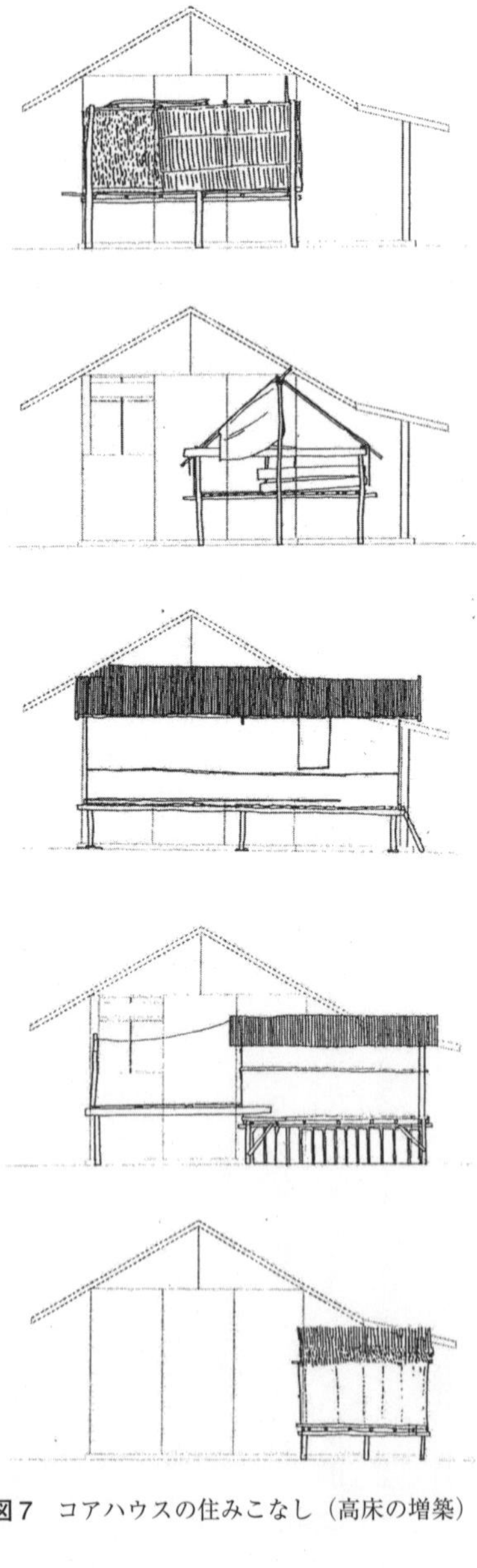

図7　コアハウスの住みこなし（高床の増築）

写真 11　1992 年インドネシア・フローレス島津波災害により被害を受けた海上集落

写真 12　フローレスの再定住地

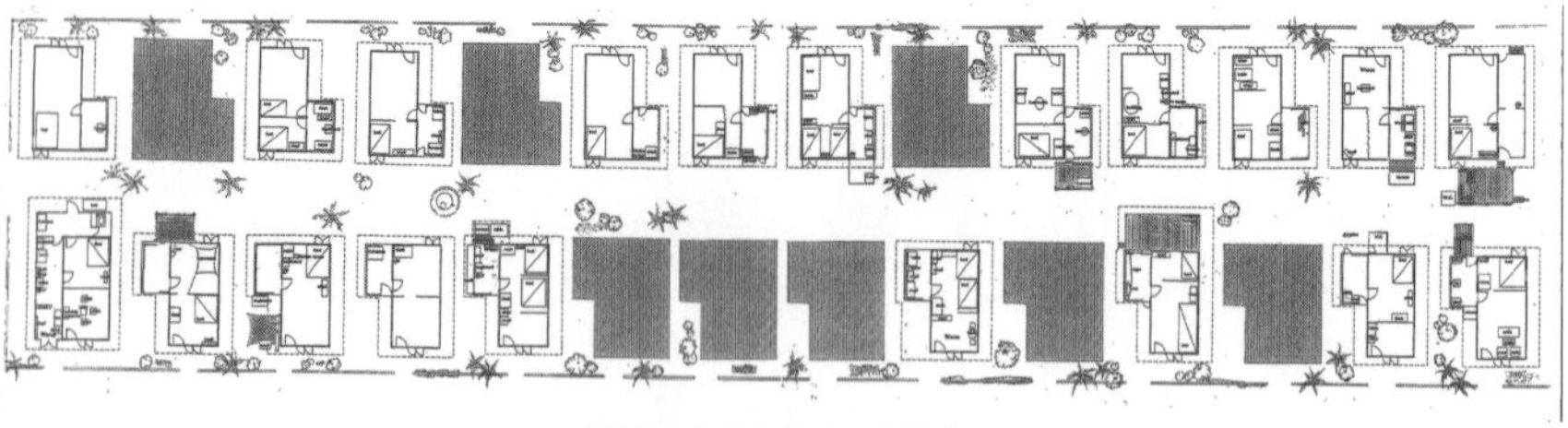

図8　住みこなし（平面）

積二六・八平米、屋根は亜鉛メッキされた波板鉄板、壁は合板の地床式の住宅である。海上の高床住宅に住んでいた人々が、地床式のコアハウスに移住することになったのであるが、この地域の住みこなしの特徴として見られたのは、高床の小屋掛けの増築である。供給された住宅では、日中、室内は非常に高温となるため、裏側に竹材を利用して災害前の住居と同様の高床を増築し、そこにカマドを設置し、さらに暑くなる日中は居室として利用。また、多くの住宅で、内部の仕切りの設置や、ベランダ部に壁を設置し台所として利用する住みこなしが見られ、さらに二棟を連結し一戸の住宅として利用する事例も見られた。災害から八年後に再度、再定住地の調査を行ったが、コアハウスの中には取り壊されて新築されたものもあったが、壁材をレンガにするなど、さらに改築され使い続けられているものが数多く存在した。

しかしながら、いつも災害後に住宅再建支援が実施されるわけではなく、コアハウジングによる住宅再建支援が実施されない場合は自力で恒久住宅が建設される。アジア地域においては、災害ですまいが壊れると、人々は住宅を木材・煉瓦・鉄筋・窓枠といったように材料ごとに分別して解体し、以前の住宅の材料を使って恒久住宅を再建する。二〇〇七年インドネシアのパダンで大きな地震災害が発生し、災害発生から約三カ月が経過した今年の十二月に現地を訪問したが、被害を受けた住宅の片付けはすっかり終了し、煉瓦、木材、鉄筋と建築材料きれいに分別され、災害前の住宅に使われていた材料を使って住宅の再建が開始されていた。また、一九九八年のパプアニューギニア・アイタペ津波災害の事例では、ブッシュマテリアルと呼ばれる周りのジャングルで自生する材料を用いてシェルターを建設し、さらに架構はそのままで屋根材・壁材を良質の材料に変えることで恒久住宅の建設が行われた。

日本においても以前は、自らでバラックを建設し「仮すまい」を確保し、「焼家」という言葉が存在することからも分かるように、火災により焼け残った材を再利用して「恒久住宅」の再建が一般的に行われてきた。しかしながら、現在では被災した人に対して、避難所→応急仮設住宅→復興公営住宅と自動的にすまいを移行し、移動先のすまいの獲得、構築に主体的に関わることなく、すまいを移動していく仕組みが整備されている。一九九一年雲仙普賢岳の噴火災害後のすまいの再建の調査(6)からは、新しい環境に対して主体的に関わることがないとすまいの移動に環境移行がうまくゆかないことが明らかになっている。災害後のすまいの移動を、適格に行うためには、「シェルター」→「仮すまい」→「恒久住宅」という災害後のすまいのプロセスにおいて、被災した人自身が選択をする、新たな環境に対しての働きかけを行うなど、こうした仕掛けを残しておくことは、「すまい復興計画」においては極めて重要なポイントである。

【第3章補注】

(1) Abhas K. Jha, Safer Homes, Stronger Communities : A Handbook for Reconstructing after Natural Disasters, World Bank, 2010

(2) Office for the Coordination of Humanitarian Affairs (OCHA) et.al, Transitional settlement and reconstruction after natural disasters, United Nations, 2008

(3) OCHA et. al, 2008

(4) 1906年サンフランシスコ地震後の応急仮設住宅については、Jane Cryan, SOCIETY FOR THE PRESERVATION AND APPRECIATION OF SAN FRANCISCO REFUGEE SHACKS (SPASFRS), San Francisco Public Library による

(5) フローレス島のすまいの再建については、牧　紀男他、「一九九二年インドネシア・フローレス島地震・津波災害後の再定住地の変容プロセス」、日本建築学会計画系論文報告集、第566号、pp.1-8、2003

(6) 三浦　研、牧　紀男、小林正美、「雲仙普賢岳の噴火災害による生活拠点移動に関する研究　災害後に供給される住宅に関する研究　その二」、日本建築学会計画系論文報告集、第485号、pp.87-96、1996

第4章 災害と移動する人々

Minamisanriku

●第①節…移動する人々と災害

災害に遭った人々はすまいを移動させるが、世界には災害の有無に関わらず常にすまいを移動させている人々がいる。ノマドと呼ばれる人々であり、遊牧を生業とする生活を送っている。遊牧の民のすまいは、テントやパオのような簡単に移動させることが可能な型式である。遊牧民の住む地域は、地震活動が活発な地域ではなく、乾燥地域であり基本的には地震や風水害に見舞われることはない。たとえ地震で倒壊したとしても軽い構造であり人的被害が発生することはなく、スクウォッターの住宅と同様に、簡単に建て起こすことが可能である。陸上だけでなく、海にも移動する人々が存在する。シー・ノマド（漂海民）と呼ばれる東南アジアの海域で生活する人々、南中国や以前は日本にも存在した水上生活者、さらにはオセアニアで珊瑚礁に人口島を造成して住んでいる人々など、世界には海を主たる生活の場とし、漁労・交易のために移動生活を続ける人々がいる。シー・ノマドや水上生活者のすまいは、カバーン「船家」と呼ばれる動く建築である。

秋道智彌はこういった人々に関する包括的な概念として「海人」という考え方を提唱している[(1)]。しかしながら、「海人」は海を生活の場とするがゆえに津波が発生すると大きな被害を受ける。津波は海底での大規模な断層運動や地震に伴う海底地滑り等によって発生するが、プレート境界に位置し、地震活動が活発な東南アジアの海域は津波常襲地帯である。この地域では近年だけでも二〇〇四年インド洋地震津波、一九九二年フローレス島津波災害、一九九四年ジャワ島東部地震津波災害といった大きな被害を伴う津波災害が発生しており、二〇〇四年の津波ではタイのモーケン、一九九二年の津波ではバジャウと呼ばれるシー・ノマドが被害に遭っている。

モーケンは、タイ、ミャンマーの国境地帯にあるスリン諸島周辺で生活を送っている。モーケンの被災と災害からの回復については、鈴木[(2)]が丹念な調査を行ってお

写真１　モーケンの船家（スリン諸島、タイ）

り、以下調査結果に基づきモーケンの被災と災害からの回復について見ていくことにする。モーケンは、かつてはカバーンと呼ばれる船家をすまいとし、船家には核家族単位で住んでいるが、拡大家族で船団を組み、また、海が荒れるモンスーン期には強風をさけて、一時的に満潮時には海の水が満ちてくる場所に杭上住宅を建てて生活をしていた。しかしながら、国家による海域管理が厳しくなり、現在は陸地に定住するようになっており、国立公園の労働者として働くようになっている。

二〇〇四年の津波ではモーケンの人々の人的被害はなかったが、すべての集落で杭上住宅が全壊、船家が損傷するという被害が発生した。モーケンには「潮が急にひいたら全世界が海水で埋まってしまうほどの『大洪水』が来るという伝承があり、海の異変に気がついたモーケンは高台に逃げて助かった」ということである。人的被害はなかったが、すまいも船も失ったモーケンの人々は、本土の仏教寺院に設けられた避難キャンプでテント生活を送り、その後、政府主導で建設された新しい集落へ戻っていった。新しい集落には、陸上に建てられる、すまいの配置に関する伝統的な禁忌をふまえていない、床材が竹から合板に変わった等の問題が指摘されるが、二年ごとのすまいの更新に合わせ、満潮時に海水に浸かる位置で再建するなど、積極的に新しい環境に適応している。しかしながら、国立公園で働くことを生業として定住化しているモーケンの姿からは、災害に見舞われても新しい場所へ移動し、そこで新たな生活を始めるという、我々が移動の民について抱くイメージは見られない。

本来的な意味でのノマドとは異なるが、米国人も頻繁に居住地を変えることで有名である。米国人口統計局のデータでは二〇〇九年だけで、三千七百万人（人口の一二パーセント）の人が転居をしており、その内訳は同じ郡内二千五百万人、同じ州内六三〇万人、別の州四六〇万人、海外一一〇万人となっている。同一市内での移動については含まれていないデータではあるが、日本の同年の人口移動率が二〇〇八年度の四・二五％（五三五万人）であることを考えると、米国は移動する社会であるということができる。

二〇〇五年八月三〇〜三一日にかけて発生したハリケーン・カトリーナ災害では、ルイジアナ・ミシシッピーの両州が大きな被害を受け、被災した人々は全米各地に避難した。災害発生から三週間後の避難先を見ると、最も避難者が多いのは隣の州であるテキサス・ヒューストン（八千四百人）であるが、ロサンゼルス、シカゴ、ワシントンDC、ニューヨーク（いずれも約四千人）といった遠く離れた全米の大都市にも多くの人々が避難している。その影響で、四五万四千人であったニューオリンズ市の人口は、一年後の二〇〇六年八月になっても二三万人と約半分までしか回復せず、五年後の二〇〇九年でも災害前の七八パーセントに留まっている。どれだけの人々が最終的にニューオリンズを離れることとなったのかは不明であるが、一年経っても戻ってこなかった二〇万人以上の人々は災害契機としてニューオリンズ市を離れることになった人と考えられる。阪神・淡路大震災から約一年後に実施された国勢調査では神戸市の人口は一〇万人減少しているが、元の人口を考えるとニューオリンズの二〇万人という災害を契機として転出した人の数は非常に大きいものである。しかしながら、米国は、人々が定常的に移動し続けている社会である、ということを考えると、災害を契機としたものではあるが、他の場所へ移動することの影響は小さいと考えられる。

移動が上手くいくかどうかは、新たな環境に適応できるかどうかが鍵となる。新たな環境への適応とは、すまいを見つけるということから始まって、新しい歯医者・散髪屋・買い物場所を見つけるといった日常生活に関すること、新たな友人をつくるといった人間関係に関わること、さらには仕事を見つけるといった、生活に関わるあらゆることを再構築できることを意味する。新たな環境への適応は労力を必要とするのであるが、社会システムが異なる場所へ移動するような場合は、さらに大変になる。海外に移住するというような場合を考えると、その地域の言葉が話せ、社会習慣・制度に適応できることが新たな環境へ適応できる大前提となる。

先述のタイのモーケンもハリケーン・カトリーナで移動したニューオリンズの人々も移動を厭わない社会で生活する人々であるが、生活している社会が異なる。米国人の場合、基本的に英語圏、さらに言うとグローバル経済の枠組みの中で社会活動が営まれている社会であれば環境適応することが可能である。ヨーロッパと米国で分かれて生活している家族が夏休みにハワイで会う、というような話しは欧米人からは良く聞かれる。一方で東南アジア地域の人々の移動性は「対人主義的人間関係ないしはネットワーク性」[(3)]により維持されており、タイのモーケンも同様であり、移動できる地域の範囲は非常に小さい。

このように移動する人々といってもさまざまな形態が存在するが、「災害に見舞われると人々は移動する」ことが、常に移動する生活を続けている人々が災害に

写真2　1993年フローレス地震津波の被害

見舞われた場合はどのように対応するのであろうか。以下、先にも少し触れたが一九九二年フローレス津波災害により大きな被害を受けた漂海民であるバジャウの人々の災害からの回復の姿について詳しく見ていく。

●第②節…フローレス津波災害と復旧・復興対策(4)

一九九二年十二月十二日十三時二十九分、インドネシア東部に位置するフローレス島東部の北側沿岸でM七・五（USGS）の大きな地震が発生し、フローレス島および付近の島で大きな地震動による建物の倒壊・津波により、死者一、七一二人という大きな被害が発生した。津波による死者は震央近傍のバビ島 Babi で二六三人、沿岸部の漁業集落ウリン Wuring で八七人に及ぶ。災害直後、被害の大きかったマウメレ市 Maumere の中心部に二カ所、ウリンに一カ所、バビ島民用にナンガハレ Nangahale に一カ所の避難所が設置された。インドネシア政府は被災地域の復興に当た

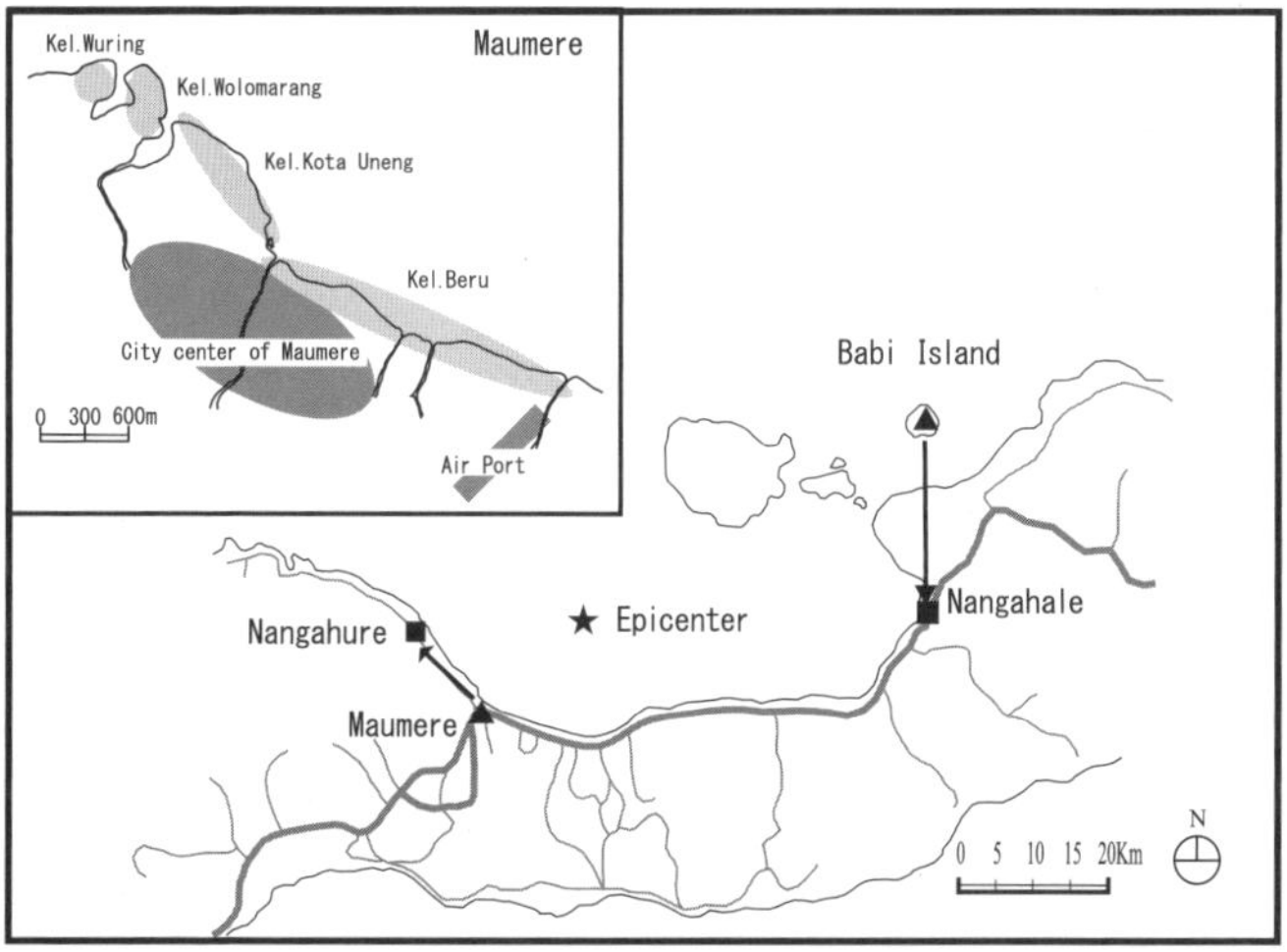

図1　フローレス地震後の再定住地

り、インドネシアの専門家からその効果を疑問視する声もあったが再び津波による被害を受ける恐れがあるマウメレ市の沿岸部（クルラハン・ウリン Kelurahan Wuring の全域、ならびにマウメレ市の海岸部の集落）と、バビ島を居住禁止とし、マウメレの人々のための再定住地をナンガフレ Nangahure にバビ島の人々の再定住地をナンガハレに建設した。再定住地の土地、住宅は基本的には無料で供給され、移住は、災害から四カ月が経過した一九九三年三月九日から開始された。バビ島の再定住地であるナンガハレに移住してきた人はすべてバビ島の住民であるが、マウメレの再定住地であるナンガフレに移住してきた人々は、ウリンから移住してきた人々とウリン以外のマウメレから移住してきた二つのグループから構成されている。

ウリンの人々は、イスラム教徒であり、バジャウとブギスから構成されるが、大多数はバジャウである。漂海民として知られるバジャウは、ほとんどの人々は漁業により生計を立てており、フローレスからスラ

写真3 フローレス地震後の再定住地

ウェシにまで拡がるバジャウの集落と現在でも相互に交流・移住を行っている。

ウリンのバジャウの住宅は基本的には水上に建てられた杭上住宅である。以前は漂海民として、国境に関係なくこの海域を移動し、住宅を所有せず家船で文字通り漂海していたのであるが、各国の定住化政策のために現在は水上集落に定住するようになってきている。ウリンに住むバジャウの人達がいかなる経緯でこの地に集落を構築しはじめたのか詳細は不明であるが、インフォーマントによると一九三八年頃から集落が構築し始められたという。移住当初は海岸部に杭上住宅を勝手に建設して居住したと考えられるが、現在は一九七〇年代に行われた調査で土地の所有権が確定されており、政府が発行した土地の権利書を保持している。元来海上であった土地に対して権利書を発行するというのも、インドネシア政府の定住政策の一環によるものであると考えられる。

一方、ウリン以外からの移住者は主としてキリスト

図2 ナンガフレ（新ウリン）再定住地の配置図

教徒であるシッカ族 Orang Sikka であり、職業はさまざまである。インドネシアではイスラム教徒が人口の九割を占めるイスラム教国であるが、イスラム教、ヒンドゥー教、カソリック、プロテスタント、仏教という五つの宗教を公式に認めており、フローレス島、ティモール島は古くからポルトガル、オランダに支配された経緯もあり、キリスト教徒の多い地域となっている。

ナンガフレ再定住地は一つのクルラハン、六つの町内会にあたるエル・ウェRW（Rukun Warga）、二四の隣組にあたるエル・テーRT（Rukun Tetangga）から構成されている。正式名称はクルラハン・ウリンであるが、通常、以前のウリンと区別するためウリン・バル（新ウリン）と呼ばれている。海側並びに山側のRW4にウリンからの人々、それ以外の山側の地域にウリン以外のマウメレの人々という形式で移住が行われた。

ウリンからの移住者の再定住地内での入居場所は、基本的にはウリンでの居住場所に従って、すなわち海に近い場所に住んでいた人は海の近くになるように決定された。しかし、住民の話によると実際の住宅供給を巡って様々なトラブルが発生したようであるが、詳細は不明である。また、入居後、入居者間で住宅の交換も行われた。再定住地の計画戸数は七六〇戸であった。ライフラインについては、水は山側に貯水池が設置され、約四〇戸ごとに設けられた水タンクから給水が行われた。電気については再定住地までは電線が敷設されており、各戸が経済状況に応じて電気会社と契約している。熱源としてはプロパンガス、薪が利用されている。公共施設としては、SD（小学校）二校、SMP（中学校）一校、幼稚園一校、教会一カ所、モスク二カ所、マドラサ（イスラム学校）一カ所、役場一カ所が設置された。

一方、バビ島の人々の再定住地は、道路のアクセスを考慮し、バビ島の対岸ではなく半島を回り込んだところに位置するナンガハレに建設された。再定住地に移住した後も、畑の管理や漁のためにバビ島の住民はしばしば島に行くのであるが、再定住地は船外機付きの船で島から一時間程度の距離にある。バビ島の住民もバジャウであるが、ウリンの人々とは交流はないということである。また、バビ島は居住禁止となったことから、再定住地には、以前は島にあった学校も移設された。災害から八年後の二〇〇一年に再調査を実施したのであるが、島には漁や畑仕事のための仮小屋が建設され、島に一週間程度は滞在するようになっているが、家族は再定住地で生活を送っている。これは、後述のパプアニューギニアの事例と同様に、学校がないことが島に戻らない理由となっており、バビ島の人々は、子供を学校に通わせるために再定住地に住み続けているのである。

第③節…再定住地の八年後

マウメレの人々の再定住地では、八年経過した二〇〇一年になると多くの人が、ウリンは居住禁止のままであるにも関わらず、元の集落へと戻っていた。その一方で、再定住地の空き家数は減少しており、建設当

図３　８年後の再定住地の状況

初と比べて多くの人が再定住地に住むようになっている。また、建設から八年が経過し、建物の更新も進み、全体の七パーセントに当たる七三戸で大幅な改装、改築が行われていた。再定住地では何が起こっているのであろうか？　海側のウリンからの移住者、山側のウリンからの移住者、山側のウリン以外からの移住者という三つの異なった背景をもつ人々が住む地区について再定住地の人々の移動に関して詳細に見ていくことにする。

「海側のウリンからの移住者」の地区では二七世帯を対象に調査を実施した。この地区の住民は、すべて漁業を営むバジャウの人々である。八年後の状況を見ると七世帯が転出する一方で、七世帯が新たに転入してきており移動率は約二五パーセントである。転出先は四世帯がウリンへ戻り、三世帯が他のバジャウの集落（フローレス島南部、ティモール島、スラウェシ島）へと移住している。転入者の属性は、インドネシア各地から津波後に移住してきた人々（四世帯）とウリンから津波後に移住してきた世帯（三世帯）とに分かれる。

八年が経過しても、この地区に残っている人々は地震と津波により元の土地が水没した、津波の時には親族と同居していた・家を借りていたといった旧ウリンの土地を持たない人々であり、旧ウリンに戻りたいと思っても戻れない人が再定住地に残っている。一方で、この地区では親族により住宅を複数所有する、再定住地内の家族内での婚姻、大家族で居住していた家族の核家族での居住といった動きも見られ、災害から八年が経過し、この地区を「終の住みか」とするような動きも起こっている。

「山側のウリンからの移住者」の地区では二一世帯を対象に調査を実施した。この地区は、ウリンからの移住してきた人々が多数を占めるが、ウリン以外の地区から移住して来た世帯も若干存在している地区である。この地区の住民の入れ替わりは激しく、二一世帯中、一二戸が転出しており移動率は五七パーセントであった。転出した一二世帯の内、六世帯はウリンに戻っている。また、転入してきた五世帯は、再定住地のウリンの人々が住む海側の地区からが二世帯(兄弟が一緒に住むため、ウリン出身)、マウメレから二世帯、一世帯が不明であり、職業別に見ると二世帯が給与所得者である。無料でもらったにも関わらず、転出する際には、住宅は、売却・賃貸に出されている。転出した一二戸の内、七戸は売却・売却中であり、二戸は賃貸に出されている。

八年後も住み続けている九世帯は、先述と同様にウリンに土地がない、土地を所有しているが再建費用がないというように再定住地以外に住むところがない人々である。また、ウリンからの移住者は、ほとんどが漁業に従事しており、海側の地区に住みたいと考えているが、①海側の地区に売家がない、②海側の売家が高価である、などの理由により、山側の地区に住み続けているということであった。このようにこの地区の人々のスタンスは、住むところがあればウリンもしくは海側の地区に移動したいが、移動できないのでこの地区に残っているというものである。

この地区が海側と異なっているのは、マウメレの給与所得者の二世帯が再定住地の住宅を購入していることである。現在も三戸が販売中、売却されたが居住者の居ない住宅が一戸、所有関係が不明の空き家／空地が二戸あり、今後、この地域はマウメレの給与所得者向けの郊外住宅地へと変化していくと考えられる。

「山側に住むマウメレからの移住者」の地区では一六世帯を対象に調査を実施した。この地区に住むのは、ウリン以外のマウメレから移住した人々であり、キリスト教徒が多数を占めている。また、職業もウリンから移住者が漁業であるのに対し、農業・漁業・建設関係・給与所得者・商業と多様である。この地区では一六戸中、五世帯が転出しており、元の場所へ戻った世帯が二世帯、フローレス島内の他の都市へ移住した世帯が二世帯、一世帯が不明となっており、この地区の移動率は三三パーセントである。また、転入者は三世帯で、いずれも津波による被災を受けていない人々である。この地区で継続して住み続けている世帯は、他の地区と同様に元の場所に土地をもたない人々である。また、この地域においても「山側のウリンからの移住者」の地区と同様、マウメレの郊外住宅地としての性格を持ち始めており、住宅を購入して転入した世帯が一世帯、改築後、販売する予定で中国系住民により買い上げられた区画が一区画存在していた。

ナンガフレ（新ウリン）の再定住地は、津波被害の軽減を目的として建設されたものであるが、八年が経過した現在も再定住地に住み続けている人は、津波を恐れて再定住地に住んでいるのではない。この再定住地に現在も多くの人が住んでいる理由は、①再定住地に住まざるを得ない、②この地域に潜在的な住宅需要が存在した、ということである。二〇〇四年インド洋地震津波災害でも、安全な場所に再定住地が建設されたが、フローレスの事例から明らかなのは、しばらく経つと被災した人々は、より自分たちの生活に適した場所へと移っていくということである。フローレスの場合は、マウメレ市の住宅が不足していたため郊外住宅地として継続して利用されることになったが、住宅

写真4　災害から8年後のウリン

写真5　災害から8年後のナンガフレ再定住地

需要が存在しない地域では再定住地に誰も住まなくなるということも発生する可能性がある。

第④節…移動力とは何か

フローレスにおける津波災害を事例に、移動する民であるバジャウの災害後の姿を見てきたが、災害後の基本的な動きは元の集落へ戻るというものであり、再定住地の限られた事例調査の結果ではあるが、他のバジャウの集落への移動が確認できたのは三世帯である。移動先はフローレス島南部、ティモール島、スラウェシ島と広域に拡がっており、バジャウが多く住むことで知られているスラウェシ島へも移動が行われていることは興味深いが、フローレスのバジャウ社会では定住化が進んでおり、災害に見舞われると他の場所へ移動していくという「移動する民」に対して我々が抱いている姿は見られない。

インドネシアは地震活動が活発な地域であり、一九九三年のフローレス地震津波後も、一九九四年の東ジャワ地震、二〇〇四年インド洋地震と津波を伴う地震災害が頻発している。二〇〇四年インド洋地震津波災害ではスマトラ島のバンダ・アチェが壊滅的な被害を受けた。すまい自体が移動可能な船家であるバジャウやモーケンとは異なるが、アチェの社会も、人々が移動する流動的な社会として知られている[5]。しかしながら、アチェの災害後の回復の姿は、同じ移動する人々であってもフローレスのバジャウとは異なる様相を呈している。

バンダ・アチェは、二〇〇四年一二月二六日にインドネシア・アチェ沖を震源とするM九・一（USGS）の地震により壊滅的な被害を受けた。この巨大地震は大きな津波を発生させ、被害は震源地に近いアチェだけでなく、津波はインド洋を横断し、タイ、スリランカ、インド、さらにはアフリカのインド洋に面したケニア、タンザニア、ソマリアといった国々にまで及んだ。国連の集計[6]によると、この災害による人的被害は死者

写真6　バンダ・アチェ市の被害（2004年インド洋地震津波災害）

写真7　中国政府による再定住地（バンダ・アチェ市郊外）

二二三、四九二人、行方不明四二、一三〇人にも及ぶ。
震源に近いバンダ・アチェの被害は甚大であり、州全体（ナングロ・アチェ・ダルサラーム州 Nanggröe Aceh Darussalam）で約一二万人が命を失った。アチェでは二〇〇五年四月に公表された復興計画（通称ブループリント）に従い被災した「住宅所有者」に最低限の住宅（三六平米）を供給するという方針で住宅再建が行われた。津波で住宅が流されてしまったため「土地境界の画定」→「区画整理」（Land Consolidation）→「住宅の建設」という流れで住宅再建は進められた。この住宅再建のプロセスを実施するためには土地の権利所有者が存在することが不可欠であり、家族全員が亡くなった・子供だけが残された世帯では、親族が権利を相続し住宅再建が進められた。その結果として、バンダ・アチェの復興住宅については、人が住んでいない復興住宅、災害当時はアチェに住んでいなかった「被災者」でない人々が住んでいる復興住宅が数多く存在する、ということが言われる。

また、個人住宅の再建支援を行うと、借家層の住宅をどうするのかという問題が常に発生する。開発途上国の住宅事情は、常に住宅が不足する状態にあり、災害により多くの住宅が失われると、さらに住宅事情が悪化し、借家人が新たな住宅を見つけることが困難な事態が発生する。借家層が新たに住宅を見つけられないためバラックが解消されないという状況をふまえ、二〇〇四年インド洋地震津波の復興においても借家人に対しても無償で住宅供与を行うことが決定された。バンダ・アチェでは海外の援助機関（中国政府、台湾・慈済、ムスリム・エイド、アジア開発銀行他）により、郊外に借地人・借家人向けの大規模な住宅団地が建設された。借家人に対する住宅供給を考える場合、借家人のほとんどはインフォーマルセクターと呼ばれる都市内においてのみ成立する仕事に従事しているということを考慮する必要がある。一九七〇～八〇年代に東南アジア諸国で行われたスラムクリアランスでは、都市内のインフォーマルセクターに従事する人々を郊外の新たな住宅地に再定住させたが、郊外では仕事を得ることが出来ないため、土地・住居を売り、再び都市に戻ってきたという事例が存在する。バンダ・アチェの再定住地においても、スラムクリアランスの事例と同様に、郊外の再定住地に住む借家人は、復興事業が終了し、仕事がなくなるとインドネシアの他の大都市へと移動していくことが予想される。

復興住宅に空き家があってはいけない、被災した場所で生活を再建しなければならない、という前提に立つと、アチェの復興住宅に空き家が多いこと、また郊外の借家人向けの住宅団地から人が出て行ってしまうことは、復興事業の失敗ということになる。しかしながら、アチェの人々の移動性が高いということを考えると議論は変わってくる。津波でほとんどの住宅が流されたような地区でヒアリングをすると災害後にアチェに帰って来たという人に多く出会う。元々、バンダ・アチェ出身で、災害時は他の都市で働いていたのであるが、アチェが災害に見舞われたということで家族を助けるために帰って来た、そして、今は仕事があるからアチェに居るが、仕事がなくなれば再び他の都市へ行くと言う。災害後に戻って来た彼らも、家族や家を失った被災者であり、災害後に建てられた復興住宅に住んでいる。そして、災害前と同様に他の都市で仕事をするようになると復興住宅は誰かに貸すか、一見誰も住んでいないような状態となる。他の地域で働くことがアチェにおける通常の生活の姿であるという前提に立つと、復興事業が終了し、再定住地の人々が他の都市で働くようになる・空き家が多い・家を他の人に貸しているなど、災害前のアチェの姿に戻ったことになる。バンダ・アチェの人々の災害後の回復の姿からは、フローレスのバジャウと異なり、現在も移動することが生活の基本となっている人々の災害からの回復の姿が見られる。

インドネシアのバジャウやタイのモーケンのような伝統的な移動する人々、アチェの人々のように地域固有の社会システムの中で移動している人々、米国・ニューオリンズのように資本主義経済の中で移動している人々、というように、単純に移動する人々・流動性の高い社会、といってもさまざまなタイプが存在する。この章の始めに述べたように、移動力とは新たな場所での環境適応能力であり、災害に強いリジリエンスという観点から考えると、環境適応可能な地域が広いほどリジリエンスは高い。これを移動という観点から整理すると、どれだけ大きな距離を移動できるかが重要になる。

すべてのニューオリンズの人々にあてはまるわけではないが、グローバル経済の中で活動しているような人々が最も「大きな移動」が可能であり、グローバル経済の枠組みの中で活動している都市であれば世界のどこにでも移動することは可能である。アチェの人々の移動は、移動先に知り合いが居る、同郷者のコミュニティがあるかどうか、などが鍵になる。これはニューオリンズのアフリカ系住民が大都市への移動のスタイルも同様である。知り合いが居る、「コネ」型の移動というのが二つめの移動のパターンである。そして、移動する人々（ノマド）については、定住化政策により移動性が失われ、「小さな移動」しかできなくなっている現実がある。災害後の移動力は、自分達と同じ仕組みで生活している社会の地理的拡がりにより決定される。ノマドたちが生きてきた伝統的な社会の仕組みが残されている地域はほとんど存在しなくなっており、「コネ」型さらには「グローバル経済」型の社会での移動性こそが、現代における「移動能力」を決定していると言えるのである。

【第4章補注】

(1)「海人という用語によって、海と深いかかわりをもつさまざまな集団を包括的にとらえ、海人のもつ文化の概念とすることを試みる」。秋道智彌、『海洋民族学　海のナチュラリストたち』、東京大学出版会、p.9、1995

(2)鈴木佑記、『悪い家屋』に住む：タイ・スリン諸島モーケン村落の動態、林　勲男編著、『自然災害と復興支援』明石書店、pp.155-180、2010

(3)秋道智彌、『海洋民族学　海のナチュラリストたち』、東京大学出版会、p.9、1995

(4)本節、次節の内容は、牧　紀男、三浦　研、小林正美、林　春男、「一九九二年インドネシア・フローレス島地震・津波災害後の再

定住地の変容プロセス」、日本建築学会計画系論文報告集、第566号、pp.1-8、2003

(5)山本博之、『人道支援活動とコミュニティーの形成』、p.363、林勲男編、『みんぱく実践人類学シリーズ9　自然災害と復興支援』、明石書房

(6)UN office of the secretary-general、s special envoy for Tsunami recovery, Tsunami Recovery: Taking Stock after 12 months

第5章
災害と地域の生き残り

Otsuchi Kirikiri

●第①節…災害からの回復とは

ここまで災害に対する「抵抗力」と「回復力」を高め災害に見舞われても速やかに回復できるように「リジリエンス」を高めることが今後の防災対策の鍵であり、移動力にその鍵があることを述べてきた。しかしながら「リジリエンス」を高めるということについて考える際に問題となるのが、何をもって災害から回復したとするかということである。リジリエンスという概念は元々ライフラインの分野で構築された考え方であり、ガス・電気の回復については、災害前と同じ機能を確保することが目標となる。しかしながら、社会の回復を考える場合は、ライフラインほど単純ではない。ライフラインの場合は百パーセントの機能確保という「回復レベル」についての明確な定義があるが、災害から回復した社会はこういったもの、ということを定義することは困難である。

災害からの回復を表す言葉として「復興」という用語が使われる。阪神・淡路大震災の復興については「災害前とまったく同じ施設・機能に戻すのではなく、地域が災害に見舞われる前以上の活力を備えるように暮らしと環境を再建していく活動のこと」(1)と定義される。日本が第二次世界大戦以降に体験してきた災害は、いずれも高度経済成長期に発生した災害であり、災害からの復興においては災害前より良い社会を目指してきた。しかしながら、阪神・淡路大震災は、安定成長期に入った成熟社会を襲った災害、と言われるように、もはや災害を契機に成長するという構図は成り立たない。阪神・淡路大震災前と震災から十六年が経過した二〇〇八年度の阪神・淡路大震災による被災地域の地域総生産（GDP）は一二兆八、七二五億円で、震災前を一〇〇とした場合の一〇〇・〇四であり、ほとんど変化しておらず、復興の結果として経済成長することは実現されていない(2)。

一方、二〇〇四年インド洋地震津波災害で被災したインドネシアのバンダ・アチェにおいては、災害前、

GAM（自由アチェ運動）とインドネシア政府軍との間で内戦が続いていたが、災害を契機として内戦が集結し、新たな社会秩序が構築された。バンダ・アチェの復興について山本は、「被災者は被災からの復興をいろいろな意味で変革の機会として捉え、被災前の状況に戻すことと唯一の選択とは見ていない」[(3)]と書く。災害復興後に構築される社会の姿は、各地域の社会的状況を反映して千差万別である。

それでは、災害からの回復という事後を考える場合に、各社会共通に適応することが可能な指標は存在しないのであろうか？これまでに何度も述べてきたように人々は一度災害に見舞われるとすまいの移動を余儀なくされる。三浦[(4)]は、雲仙普賢岳噴火災害後のすまいの再建について分析を行っている。新たな環境（すまい）への働きかけ（「すみこなし」）が行われているかどうか、を新たな環境への適応の指標として利用し、新たな住宅を建てた人の方が新しい環境を受け入れている場合が多いことを明らかにしている。また、阪神・淡路大震災後に実施された「災害復興公営団地コミュニティ調査」[(5)]では「生活再適応感」という概念を用いて生活再建の検討を行っている。生活再適応感とは「人々がさまざまな生活上のできごとに出会ったときに、それによって生活のバランスが崩れたのを回復（再適応）するのにどれくらいのエネルギーを必要とするか」[(6)]という尺度である。

災害からの回復の最終型は地域ごとに異なり、「社会の状況」という観点から定義するのは困難である。しかしながら、災害による大きな変化を経て、再適応する・新たな平衡状態で落ち着いているという「状態定義」として規定する事は可能ではないだろうか。

先述の阪神・淡路大震災の調査では、「重要他者との出会い」（「その人のおかげで被災後の生活設計が定まったと感じられるような『だれか』に出会うこと」）[(7)]が新たな環境への適応度（「生活再適応感」）を測定する指標となっている。また、同調査からは「元の場所」から現在住んでいる公営住宅の距離の大小は、生活再適応感にほとんど影響を与えていない、ということが明らかになっている。すなわち、先述のように応急仮設住宅から公営住宅に移る際に実施された調査においては、被災した人々は「元の場所に戻りたい」という希望をもっていた。しかしながら応急仮設住宅から復興公営住宅に移転し、二年以上（二〇〇二年実施）が経過した時点で実施された調査では、もはや「元の場所に戻る」ということは、災害からの復興を成し遂げる上では全く影響を与えていない。

阪神・淡路大震災の事例では、被災した個々人を対象に質問紙調査を実施しており、「生活再適応感」はあくまでも個人の災害からの回復を評価したものである。ここでもう一つ問題となるのが、災害後の社会の回復を考える場合、社会を構成するユニットをどう捉えるかということである。阪神・淡路大震災の調査では、あくまで個々人をユニットとした調査から社会全体の動きをトレースしようとしているのであるが、社会を構成するユニットには個人・核家族・氏族集団（クラン）・地域コミュニティといったさまざまな単位が存在し、世界に目を拡げると個々人よりも氏族集団（クラン）のようなむしろ別の社会ユニットを中心として生活が営まれている社会も存在する。どのユニットに着目して、災害後の新たな環境への適応、新たな平衡状態での安定として考えればよいのかということも問題となる。こういった論点もふまえ、社会の災害からの回復を「ある社会を構成するユニットが、災害後の混乱を乗り越え、ある平衡状態に落ち着くこと」と定義したい。

災害からの回復の「状態定義」は上記のとおりであるが、具体的にどういった「社会の状況」を災害からの回復と呼ぶのであろうか？これまで日本においては災害後の回復＝復興という関係で考えてきたが、果たして、災害後は、災害前よりも良くなるという構図は今後も成り立つのか、ということにまで遡って考える必要がある。阪神・淡路大震災は安定成長期に入った日本を襲った初めての災害であり、右肩上がりの成長時代とは異なる災害からの回復モデルを考える必要が生じた。また、二〇〇四年をピークとして日本の人口は減少に転じ、今後発生が予想される東海・東南海・南海地震では人口減少社会での災害からの回復について考える必要がある。

災害からの回復とは社会的現象であり、災害からの回復後に実現される社会の姿は地域によって異なる。ピナツボ火山の噴火災害からの復興では、結果として米軍基地が返還されることになり地域経済に大きな変化が発生し、その変化に対してどのように適応していくのかが課題となった。二〇〇四年インド洋地震津波災害では、インドネシア・バンダアチェにおいては内戦が終結したが、スリランカでは復興支援を巡って逆に内戦が激化するような事態も発生している。二〇〇五年にハリケーンカトリーナ災害で被災した米国・ニューオリンズ市は、災害前から長期的な人口減少が続いており、災害から五年が経過した二〇一〇年においても人口は災害前の七八パーセントまでしか回復していない。

災害からの回復後に目指すべき「社会状況」のベースラインは何か、さらには災害からの回復を考える場合の社会ユニットとは何か、ということについて、日本とは対局の社会であるパプアニューギニアにおける津波災害からの回復事例をもとに考えてみたい。

第②節…アイタペ津波災害と災害後の生活(8)

一九九八年七月一七日午後七時頃（現地時間）発生した津波が、パプアニューギニアの北西部のシッサノ・ラグーン（Sissano Lagoon）を襲い、死者二、一八二人という大きな被害が発生した。M七・一という地震の規模に比べてラグーンにおける最高津波高一五メートルは大きく「地震動に誘発された海底地滑り」もしくは「ラグーン沖の特殊な海底地形」により津波が増幅されたと考えられている(9)。この地域では約百年前の一九〇七年の一一月から十二月にかけても地震が発生している。当時の様子を報告した文化人類学者のレポートがあり、「地震によりこの地域は数フィート沈

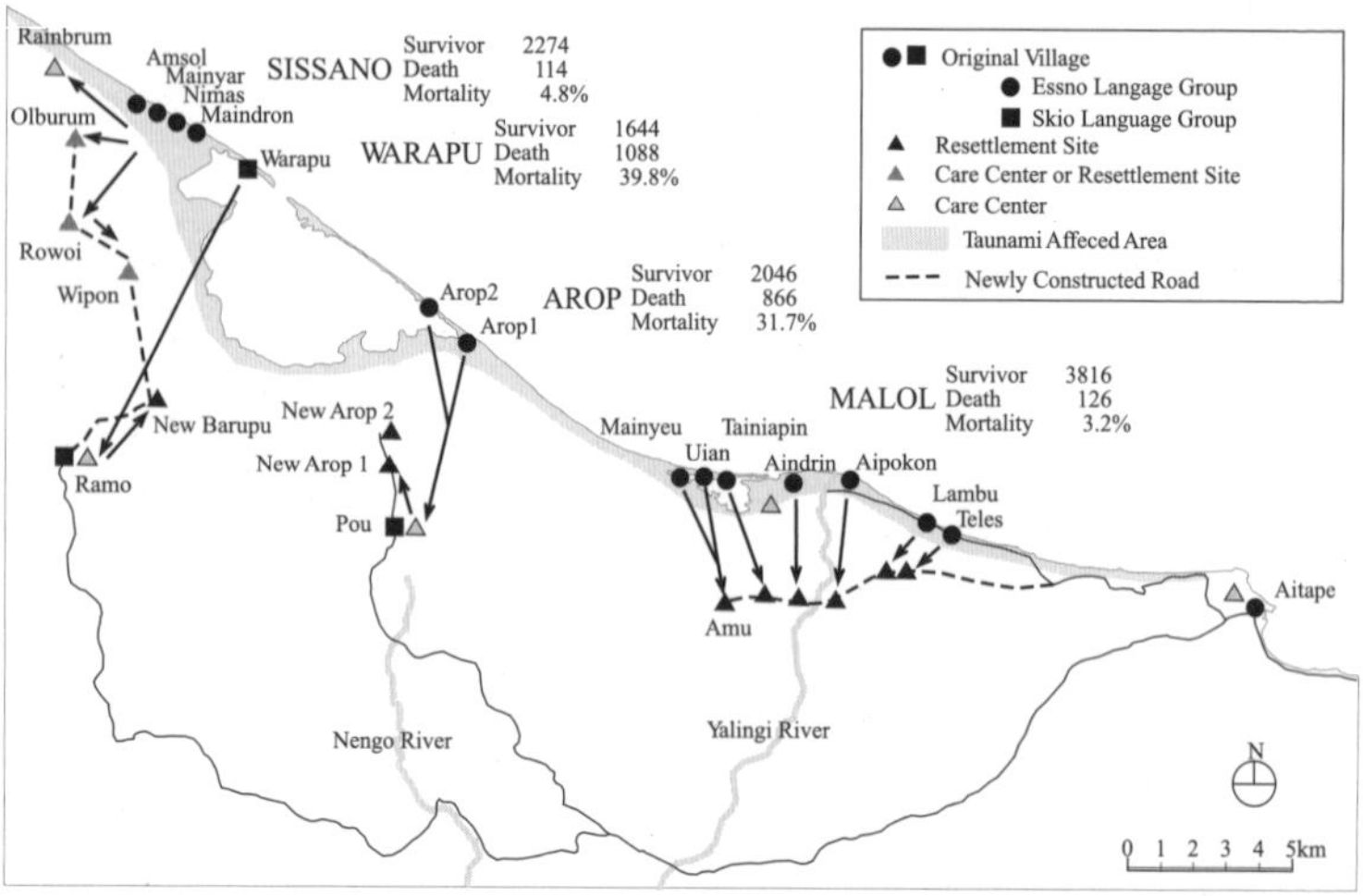

図１　被災状況と災害復興対策

下し、ラグーンにあったワラプ（Warapu）島と沿岸部の林は水没した。アロップ（Arop）の海岸線も沈下し陸地がかなり減少した。ワラプでは多くの人々が亡くなり、生き残った人はジャングルに避難した。アロップの人々も丘に避難し、その後、ジャングルの中に新たな村を建設したが、春になると元の場所に戻って来た（要約）」[10]と記録している。

災害直後は、パプアニューギニア政府、さらにはオーストラリア、ニュージーランド軍の支援も得て緊急対応が行われ、日本の医療チームも一週間後から医療活動を行った。その後、応急対応（Relief）へと移行し、「自力建設のキャンプ（Self-settled camps）」に当たるケアセンターが七カ所に設置され、政府、ＮＧＯ等の応急対応拠点となった。ケアセンターが設置された場所は以前から野菜畑（ガーデンと呼ばれる）として利用されていた場所（シッサノSissano）、別の村の広場（ワラプ、アロップ）であり、仮設の小学校、教会、簡易医療施設（Aid Post）、ヘリポート、船着き場、救援

写真 1 1998 年アイタペ地震津波によるラグーン内住居の被災

写真 2 1998 年アイタペ地震津波による海岸集落の被災

写真3　ロヴォイ（Rowoi）ケアセンター

物資倉庫等が順次設置されていった。

生活を行う上で水・食料・すまいの確保が不可欠であり、水に関しては、洗濯・水浴び等は川の水で行われるが、飲料水用には井戸と雨水タンクがケアセンターに設置された。食料に関しては、被災地域に住む人々の生活は基本的に自給自足であり、主食としてはサゴ澱粉を団子等に加工して食べる。サゴ澱粉とはサゴヤシの茎から取れる粉であり、男がサゴヤシの切り出し、女性が水を使ってサゴ澱粉の抽出を行う。またシッサノのケアセンターとして利用された場所のように、各集落は以前から内陸に畑を持っており、キャッサバ、タロイモ、ヤムイモ等を育てている。また、切り倒したサゴヤシに生息するサゴムシの幼虫やラグーン・海で採れる魚や貝をタンパク源としていた。しかし、津波によりカヌー・漁具を失い漁労を行うことが出来ず、救援物資（鯖缶やコンビーフ）が提供された。すまいは基本は自力再建であり、ブッシュ・マテリアルと呼ばれる周りのジャングルで入手可能な材料で高

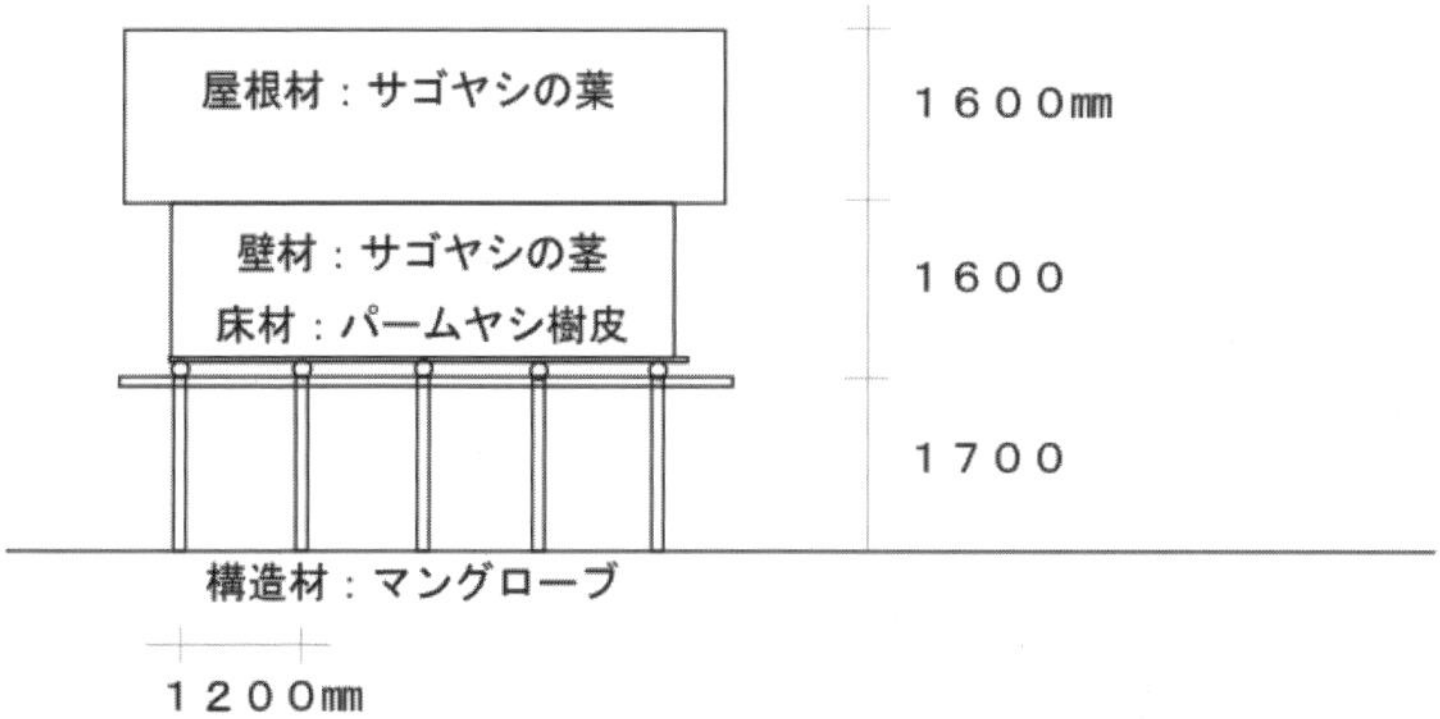

図２　被災地域のすまい

床の住宅を建設する。しかし、一度に大量の資材が必要となったため、いくつかのケアセンターではＮＧＯからの寄付で製材所が設置され、また屋根材としてブルーシートが配布された。

災害発生から三カ月の一〇月一七日にケアセンターは閉鎖され、災害対応の中心は、応急対応から災害対応の中心が復旧・復興（Recovery）へと移行する。被災した集落は被災の程度に関わらず内陸に移動した。これは政府の方針ではなく、津波を恐れた居住者が自主的に決定した結果である。ケアセンターが設置された場所は、以前から菜園として利用されてきた自分達の土地であり、そのまま再定住地として利用されるのであるが、二つの集落でケアセンターとは別の場所に再定住地がされた。再定住地がケアセンターと異なる結果となったのは土地の所有問題に起因する。

この災害の被災地域には「エスノ（Essno）」と「スキオ(Skio)」という二つの言語グループが存在する。「エスノ」は古くからこの地域に居住してきた人々であり、マロール、アロップ、シッサノの人々はこの言語グループに属する。「スキオ」は一八五〇年頃インドネシアとの国境地帯からこの地域に移住してきた人々で、移住当初はラグーンの中に存在した島に居住していた。海岸部のワラプ、内陸部のポウ（Pou）、ラモ（Ramo）の人々がこの言語グループに属する。移住当初はラグーンの中にあった島に住んでいた人々の言語グループの集落が内陸部にも存在することの理由は先述の一九〇七年の地震にある。地震により島が沈降してしまったため、彼らは内陸部に移動したのであるが、一九〇七年の地震後に移動した「スキオ」言語グループの人々が住む内陸部の集落がラモとポウなのである。今回被災したワラプの人々は、詳細は後述するが再び海岸部で生活することとなり、百年後に再び地震・津波に見舞われ、「スキオ」言語グループに属するワラプの人々は、再び内陸部にある同じ言語グループであるラモの人々の集落へ避難することとなる。しかしながら、同じ言語集団であるとは言っても、百年も前のことであり、ラモの人々と一緒に生活するわけにはいかず、政府がラモから土地を借り上げ、再定住地を建設することとなった。

もう一つの土地所有に関わる問題はこの地域を拠点とする「エスノ」言語グループのアロップの人々と、移動してきた人々である「スキオ」言語グループのポウの人々との間で発生した。今回の津波災害後、アロップの人々はポウの集落に避難してきたのであるが、現在のポウの場所が、一九〇七年の地震以前は自分たちのものであったと主張したため問題が発生した。話合いの結果、最終的にはアロップが少し海側に移動し、新たに再定住地を建設することで解決した。

土地所有の問題については政府による調整はあったものの再定住地の整備は基本的には集落の人々の手により実施された。政府やＮＧＯといった外部支援者が実施したのは道路と学校の建設である。再定住地として選択された場所は、いずれもラグーンとの間を水路で結ばれた場所であるが、役所や商店があるこの地域の中心であるアイタペと再定住地を結ぶ道路が整備さ

写真4　神戸からの支援で建設されたウィポン再定住地の小学校

れることとなった。学校については被災地域には災害前には五つの小学校が存在し、大きな被害を受けたのは三校であったが、集落の移動に伴いすべての小学校が再建されることになった。当初は五つの小学校の建設計画であったが、各再定住地に学校が必要だということになり、最終的に一〇校建設された。一〇校の内の一校であるウィポンWipon再定住地の小学校は神戸のNGOの支援で建設された。生業の再建については、基本的に自給自足の生活であるためそれほど大きな問題はないが子供の教育費、ボートのガソリン代等の一定の現金収入が必要であり、NGOのグループがバニラを栽培することを紹介したが、バニラの国際価格が下落したこともあり成功には至っていない。

津波災害からの復興では、直後は集落を内陸へ移動するが、しばらくすると再び海岸部へ戻るという事例がよく見られる。今回の被災地の集落も百年前の地震災害により内陸部に移住したにも関わらず、再び海岸部に集落を構え、津波による被災を受けることになった。一部の村では海岸部の旧集落へと戻ってしまった例も見られるが、多くの集落で基本的には再定住地に留まって生活を続けている。海岸部に戻らないことの鍵は、実は再定住地の小学校にある。子供たちに教育を受けさせることの重要性は認識されており、海岸部に戻ると子供を学校に通わすことが大変になるため現在も多くの人々が再定住地に留まっている。

第③節…新たな平衡状態と社会の状況

ワラプの人々は先述のように一八九〇年頃にインドネシア国境の地域から移住してきて、人が住んでいなかったラグーン内の島に住むこととなり、一九〇七年の地震で被災する。先に述べた、人が住んでいなかった危険な場所に住んで被災するという「分家の災害」と同じ構図である。災害後、住んでいた島が沈んでしまったワラプの人々は内陸部にある現在のラモ、ポウ、スモという集落へと移住する。真水も容易に得ることが

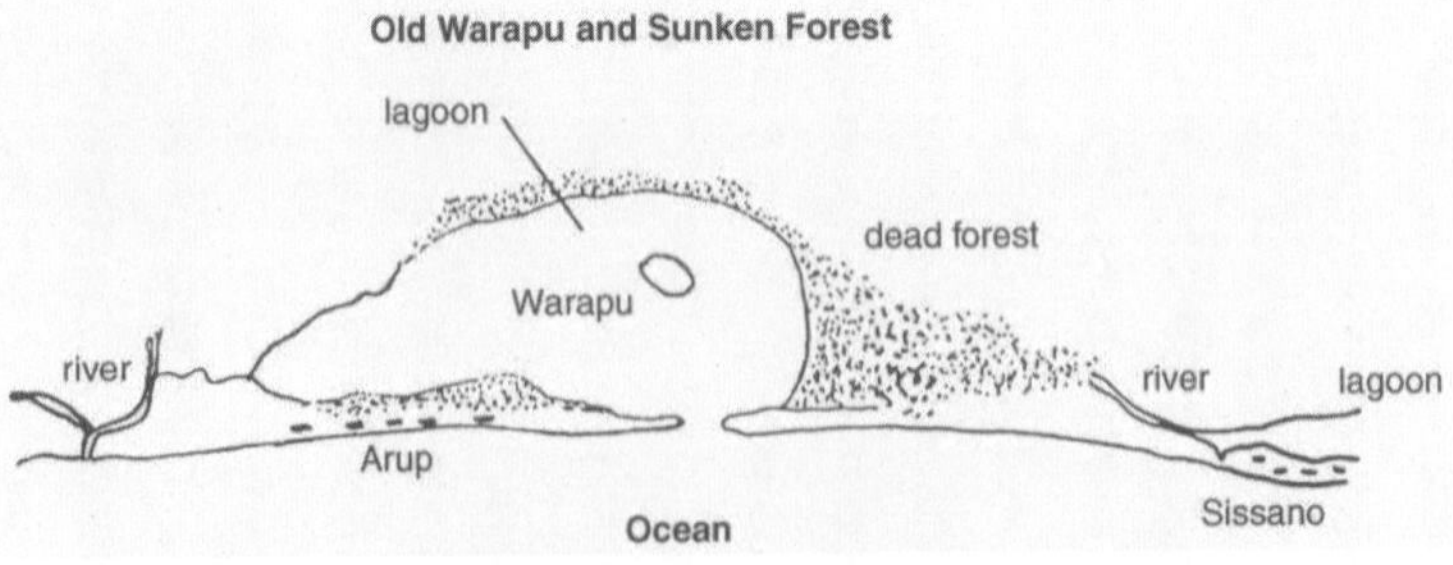

図3　ワラプの被災（出典：Welsch, Robert L. (ed.), 1989）

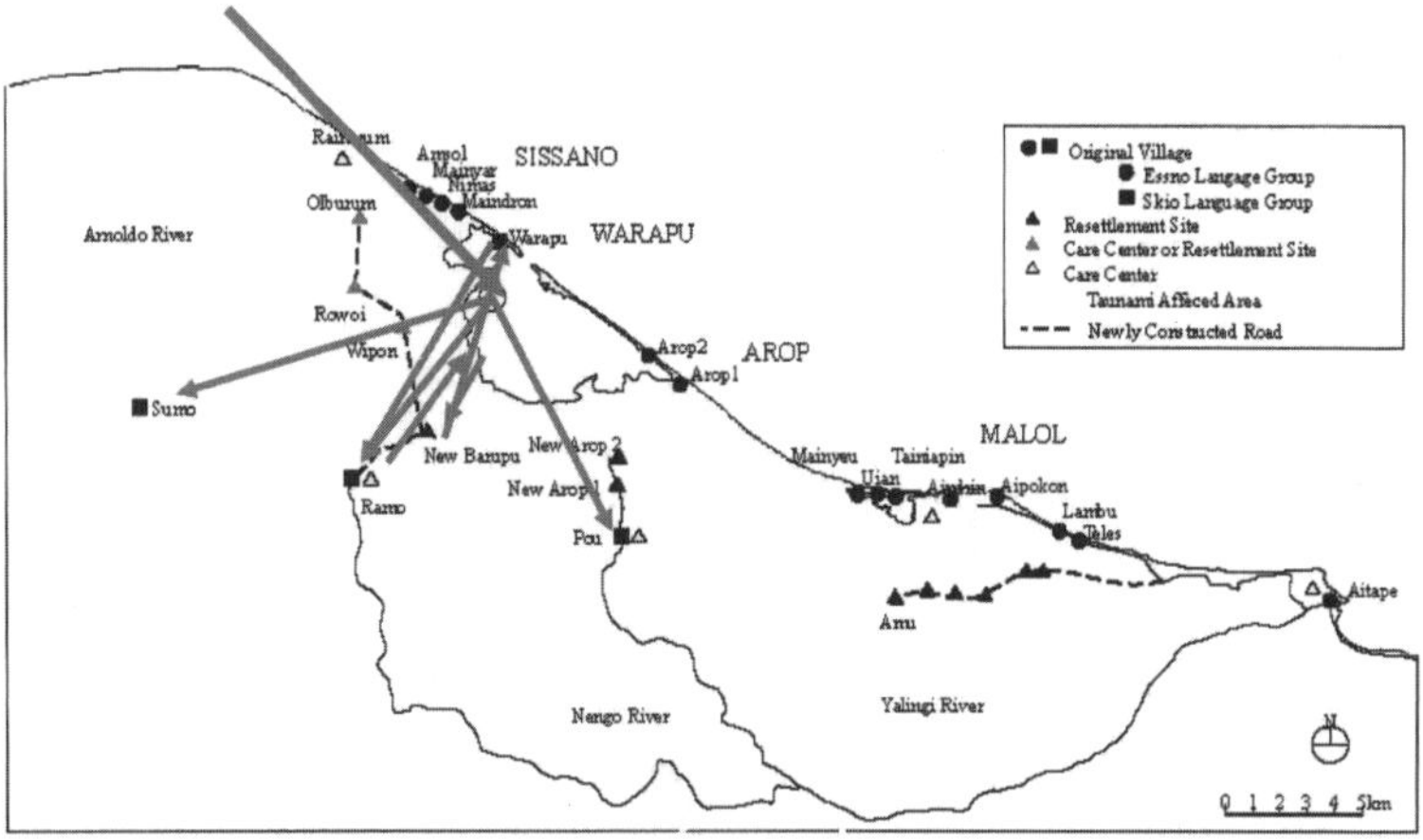

図4　ワラプの人々の移動

可能で、畑からも近い内陸部の方が生活を行う上では利便であるにも関わらず、内陸部に住まない理由としてジャングルの中にはマラリア蚊が多いことがある。一九三〇年頃になると一部のグループは海岸部へと移住するようになるが、一九四二〜四四年にかけて再び内陸部へ戻っていく。これは戦争の影響であり、この地域にも第二次世界大戦中に日本軍が駐留した。海岸部に住んでいて日本軍に使役されるのを嫌い、内陸部のジャングルの奥へと移住したのである。日本軍がいなくなると、人々は再び海岸部へと移住を開始し、人が住んでいない砂州にワラプ集落を構える。そして、一九九八年に津波の被害を受け、再定住地へと移動する。

　地域の中の新参者であるワラプの人々は、自然災害・戦争といった社会に対する外力に対して、集落を移動させることで対応している。そこから見えてくるのは、災害と共に移動する人々の姿であり、災害からの回復は、災害を契機としてより良い社会を構築する・復興する、元の状態に戻す・復旧するということではなく、消滅せずに存続する「生き残る（survivability）」という姿である。どういったユニットがという点については考える必要があるが、災害からの回復のベースラインは、災害からの「生き残り」にある。

社会の災害からの回復を、「ある社会を構成するユニットが、災害後の混乱を乗り越え、ある平衡状態に落ち着くこと」、と定義した。しかし、ワラプの人々の災害後の姿を集落レベルで見ると災害と共に移動し続けており、災害後、果たしてある定常状態で落ち着くという定義が果たして成立するのか、ということが疑問になる。この災害における災害後の平衡状態とは何か、どのようなユニットで見る必要があるのかということについて、ワラプ集落の西に位置するシッサノ地区を事例に見ていくこととする。

災害前、シッサノはマインドロン（Maindron）、ニマス（Nimas）、マイニャール（Mainyal）、アムソール（Amsor）という四つの集落から構成されていたが、災害後は四集落の人々が混住するような型式でケアセンターへ避難が行われた。シッサノ地域においても、ケアセンターが再定住地となることとなり、マインドロン集落・マイニャール集落はオルブルン再定住地へ、アムソル集落・レインドロン集落・ニマス集落はロヴォイ再定住地とウィポン再定住地で定住することとなった。オルブルン再定住地では、ケアセンターにおける旧集落の混住は改善され、新たな平衡状態に入ったと考えることが可能である。しかしながら、ロヴォイ＆ウィポン再定住地では三集落が混住することになっており、新たな平衡状態に入ったとは言い難い状況にある。災害後の動きを見るためには別のユニットで災害後の地域の動きをトレースする必要がある。日本であれば核家族が最小ユニットということになるが、この地域では生物学的な父と同一クランのおじさんにあたる単語が同じであり（母・おばさんも同様）、あるNGOの人が津波で両親を亡くした遺児はどうして居ますか、という質問をしたところ、そういった子供は居ないと言われたという。このようにこの地域の場合は

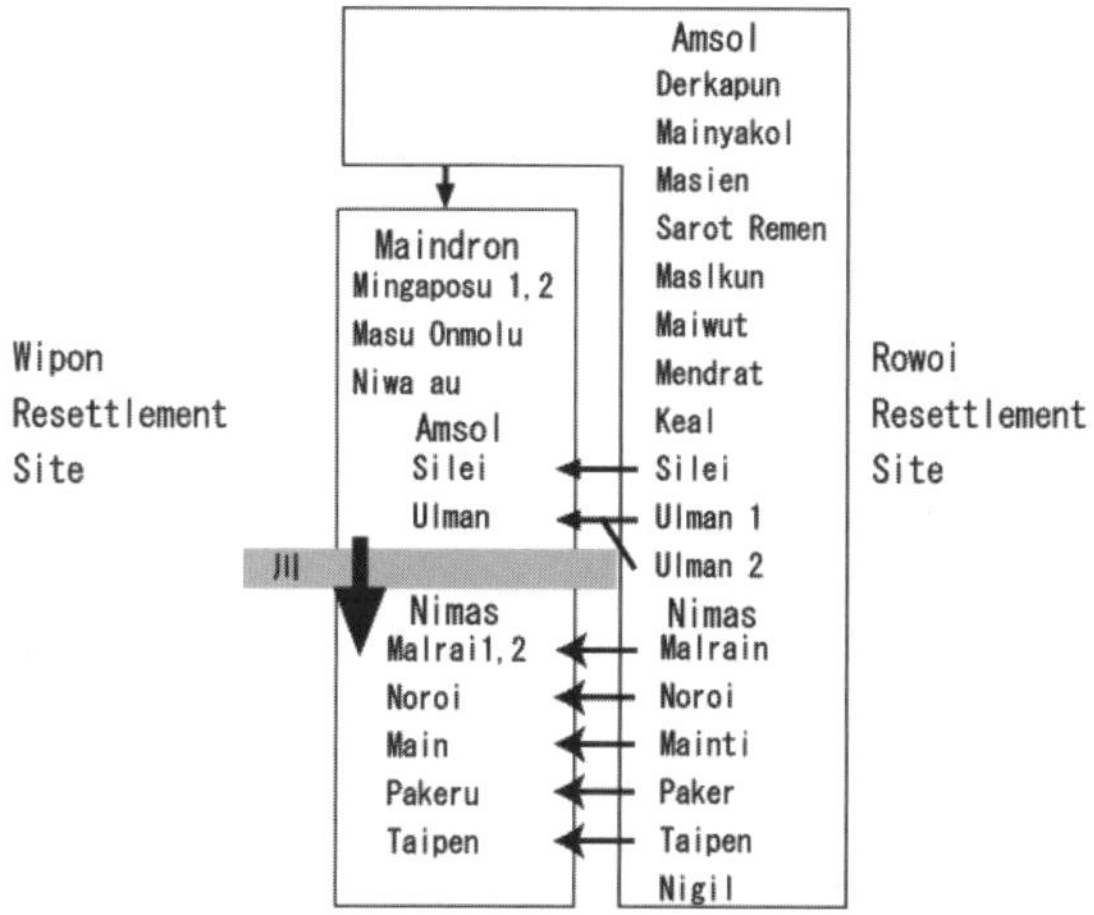

図5　再定住地でのクランの移動

「クラン」と呼ばれる氏族集団が集落を構成する単位となっており、土地は慣習的に各クランが所有する。

ロウォイ再定住地とウィポン再定住地には、アムソル・レインドロン・ニマスという三つの集落の人々が住んでいるのであるが、再定住地の居住者の動きをクランレベルで見ると興味深い事実が分かってくる。ロウォイ再定住地がケアセンターとして利用されていた時は、アムソル集落の一一クラン、ニマス集落の六クランが居住していたが、再定住地へと変化していく過程で、アムソル集落の三クラン、ニマス集落の五クランがウィポン再定住地へと移動し、今後、ニマス集落の残った一クランも同様の動きをすることが予想される。このロウォイ再定住地からウィポン再定住地へと移動したのは同クランにも関わらず、二つの再定住地に分かれて居住していたクランの人々なのであり、再定住する・災害から回復する過程で同一クランの住民が再統合されている。また、ウィポン再定住地は川によって二つの地域に分かれており、川を挟んで旧マイドリン集落とニマス集落の住民の住み分けが行われている。また、マインドロンからのクランは今後、オルブルンに移動して行くことが予想される。

このようにこの地域は災害後の新たな社会の枠組みをクラン単位の移動により創り出しており、回復を考える際のユニットは集落ではなく「クラン」である。パプアニューギニアの事例では、津波という外力により社会の安定が崩れ、ケアセンターでは各集落のクランは混在していたが、再定住地を構成するため、再びクラン単位での移動が行われる、という動きが見られる。従って、再定住地間のクランの移動が終了すると、新たな枠組みによる定常状態で安定することになる。クランの移動の終了がこの地域における災害からの回復ということになり、基本的には集落単位でまとまっているが、彼らは、個々人、核家族ではなくクランが消滅せずに生き残ることが最も重要であると言う。

●第④節…災害からの「生き残り(survivability)」

どのユニットを単位として考えるかは地域によって異なるが、パプアニューギニアの津波災害の事例から「生き残り」という新たな災害からの回復目標が見えてきた。果たして、自然災害を契機として消滅した集落というのはあるのだろうか。日本の災害に関する歴史資料を見ていると、特に津波・火山災害に関する記録では「亡所」という記述がよく見られる。安政南海地震(一八五四)に関する土佐藩の記録として有名な『谷陵記』では、集落毎の被害状況が記載されている。例えば、香我美郡(現在の香南市)の項目では、「手結　亡所潮ハ山マテ山上ノ家少シ残ル(中略)岸本亡所潮ハ山マテ　王子　潮ハ田丁マテ家ハ山上ニアルユエ事ナシ」といった記述がある。

現代においても火山災害、津波災害では集落が消滅するという被害が発生する。一九九〇年に始まった雲仙普賢岳の噴火災害では、噴出した火山灰が雨によ

写真5　火山灰の下に埋まった集落

り流れ出し、火山灰の下に集落が完全に埋まってしまうという被害が発生した。現在、日本では火山災害により人的被害が発生することは稀であり、噴火直後から危険な地域からの避難が行われる。雲仙普賢岳の噴火災害で被害を受けた集落の人々は、災害警戒区域の設定に伴い、応急仮設住宅→新たに被災した人々向けのニュータウン、公営住宅へとすまいを移動していった。元住んでいた場所は失われたが、集落に住んでいた人々の生活は続いている。新たな場所への移動は、集落単位で実施されてはいるが、物理的なすまいが変わってしまったことにより、災害前の集落の生活は失われている。二〇〇四年インド洋地震津波災害では、地盤の沈降と津波による地盤流出のために以前集落が在った場所が、完全に海の下に沈んでしまうという被害も発生している。

また、災害を契機に移転し、災害からの回復の結果、災害前に住んでいた集落に住む人がいなくなってしまうという事例もある。二〇〇四年に新潟県中越地震で

写真６　十二平地区が移転した住宅団地（小千谷市三仏生）

写真７　旧集落の記憶を残すための屋号を刻んだ石碑（一二平地区）

写真８　長岡市山古志地区の中山間地型災害復興住宅
（設計コンサル・アルセッド建築研究所＋三井所清典）

被害を受けた小千谷市の一二平地区の人々は、防災集団移転事業により集落全体で移転することを意思決定し、小千谷市の平地部に設けられた再定住地へと移転した。防災集団移転事業では、すまいを取り壊す必要があり以前住んでいた集落には何も残されていなかったが、集落に住んでいた人々は集落の生活を記憶として留めるため、以前住んでいた場所に各家の「屋号」を刻んだ石碑を建ててそこに自分達の生活があったことを刻んでいる(11)。このように現在においても、自然災害の被害により、さらにはその後の災害からの回復の結果として社会組織としては残ったとしても物理的には、以前住んでいた集落が消滅するような事例は存在する。

パプアニューギニアの津波災害の事例から、災害からの回復におけるベースラインは、被災した社会が消滅せずに「生き残る」ことにあることが分かった。日本の高度成長期には、災害を契機として地域経済をより活性化させる、復興すること、が災害からの回復後の目指すべき社会の姿となっていたが、安定成長期の成熟社会を襲った阪神・淡路大震災では震災を契機に経済を活性化させるというパラダイムはもはや成立していない。阪神・淡路大震災で被災した神戸市の人口は、震災から約五年で災害前のレベルにまで回復したが、災害前から定常的に人口減少が続いていた二〇〇四年新潟県中越地震の被災地では、災害前のレベルに人口を回復するという目標自体が成立しない状況にある。

日本の人口は二〇〇四年をピークに減少に転じ、今後発生が予想される東海・東南海・南海地震や首都直下地震では、人口減少社会の中で災害からの回復を成し遂げる必要がある。災害を契機により良い社会を構築するということは重要であるが、災害からの回復のベースラインは「地域の生き残り」ということにあるという認識を持つ必要がある。「社会の生き残り」という達成した上で、どのように地域を良くしていくのか、という順序に災害からの回復についての考えるステップを変化させる必要がある。

もう一つの課題はどのユニットで「生き残り」を考えるのかということである。流動性の高い社会は災害に対して強固であることを述べてきたが、移動力が高い若い世代が集落から転出し、高齢者だけが残されるということで良いのかという点についても考える必要がある。流動性は災害から回復する上での鍵となるが、個人、核家族、大家族、集落、地域どのレベルを単位として流動性さらには「生き残り」を考えるのか、個人の災害からの回復の総和が、果たして社会の回復なのかということも同時に考える必要があると言える。

【第5章補注】

(1)林　春男、『いのちを守る地震防災学』、岩波書店、2003

(2)兵庫県、平成20年度市町内GDP速報（市町内総生産速報値）、2010

(3)山本博之、『人道支援活動とコミュニティーの形成』、p.381、林　勲男編、『みんぱく実践人類学シリーズ9　自然災害と復興支援』、明

石書房
(4)三浦 研、牧 紀男、小林正美、「雲仙普賢岳の噴火災害による生活拠点移動に関する研究 自然災害を起因とする環境移行研究（その1）」、日本建築学会計画系論文報告集、第485号、pp.87-96、1996
(5)兵庫県、災害復興公営住宅団地コミュニティー調査報告書、2003
(6)矢守克也他、「阪神・淡路大震災からの生活復興3類型モデルの検証：2003年生活復興調査報告」、地域安全学会論文集
(7)立木茂雄他、「阪神・淡路大震災被災者の長期的な生活復興過程のモデル化とその検証：2003年兵庫県復興調査データへの構造方程式モデリング（SEM）の適用」、地域安全学会論文集、No.6、pp.251-260、2004
(8)1998年パプアニューギニア・アイタペ津波災害についての記述は、以下の論文による。
牧 紀男、林 勲男、林 春男、「1998年7月17日パプアニューギニア津波の災害対応—社会のフローの安定とストックの回復—」、地域安全学会論文集、第1号、pp.195-200、1999
(9)河田恵昭他、「1998年パプアニューギニア地震津波の現地調査」、海岸工学論文集、第46巻、1999
(10)Welsch, Robert L. (ed.) : An American Anthropologist in Melanesia : A.B. Lweis and the Joseph N. Field South Pacific Expedition 1909-1913, Univ. of Hawaii University Press, pp.128-131, 1989
(11)石塚直樹、澤田雅浩、「防災集団移転等促進事業に伴うコミュニティの再形成過程」（—中越地震により移転した小千谷市旧十二平集落を事例として—、地域安全学会梗概集、pp. No.26、2010）
(12)パプアニューギニアの調査は、林 勲男（国立民族学博物館）との共同調査

第6章 しなやかな「すまい方」

Yamada

第①節……二十一世紀前半の日本(1)〜(4)

二十一世紀前半の日本は、首都直下地震、東海・東南海・南海地震、さらに地震の活動期に入ったことから活断層による地震の発生が懸念されている。その一方で二〇〇五年をピークに日本の人口は減少を初め、東海・東南海・南海地震の発生の確率が最も高くなる二〇三〇〜四〇年には一億千七百万人(2030)、一億九百万人(2040)(中位推計)と現在と比べて約一〜二千万人人口が減少することが予想されている。さらに少子高齢化も進み、六五歳以上の高齢者の割合が二〇三〇年で二九・六パーセント、二〇四〇年で三三・二パーセントに達する。

災害対策基本法制定のきっかけとなった伊勢湾台風(1958)、阪神・淡路大震災の都市復興のモデルとなった酒田の大火(1976)といった現在の防災・復興制度の基礎をつくった災害は、いずれも高度成長期に発生した災害であり、現在の災害復興の枠組みは、人口増・経済発展を前提としたものとなっている。そのため、安定成長期に入った成熟社会の中での復興となった一九九五年阪神・淡路大震災では、人口増を前提とした再開発・土地区画整理といった復興まちづくり、経済復興が上手くいかないといった問題が発生した。そうはいっても阪神・淡路大震災の被災地は人口三百万人を抱える大都市エリアであり、震災から十数年で神戸市の人口は災害前の水準にまで回復している。しかしながら、人口減少が続く地方都市・中山間地域を襲った二〇〇四年新潟県中越地震では、もはや人口が災害前の水準に戻ることはなく、人口減少率が災害前の水準に落ち着くのが精一杯である。想定される東海・東南海・南海地震では新潟県中越地震の被災地域よりもさらに人口減少が進む日本を襲うことになり、これまでとは全く異なる災害からの回復スキームを想定する必要がある。まず二〇三〇年頃の日本は、どういった状況になっているのか見てみることとする。

人口構成(人口ピラミッド)を元に地域を分類する

地域類型毎の人口ピラミッド（1990-2005）	人口変動特徴
持続類型 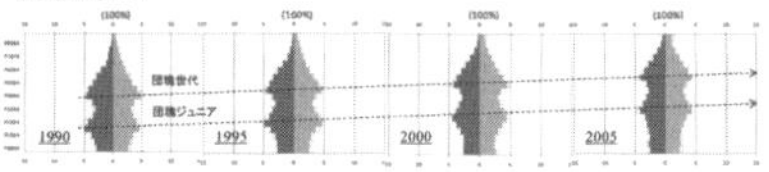 	• 団塊世代と団塊ジュニアの老化が進みつつ，若年人口が移入する • 若年人口と出生人口の確保によって、将来にわたって人口増加
依存類型 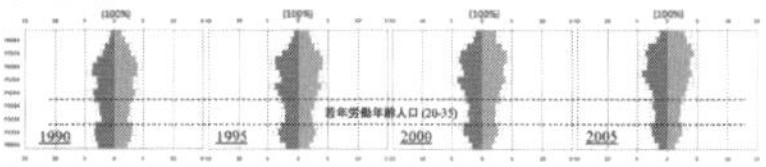 	• 傾向・教育や就職のため、20代から30代前半が転出 • 新たな生産人口が集まる機能を他の地域に依存
限界類型 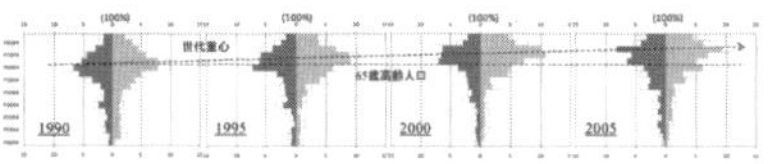 	• 生活やサービスの担い手が減少 • ダイヤモンド形の人口ピラミッド • 激しい人口減少

図1　3つの地域類型
（出典：Hili Chen, Norio MAKI et.al., 2010）

と日本の地域は「持続型」、「依存型」、「限界型」という三つのタイプの地域に分かれる。中山間地から大都市までさまざまな地域が存在する大阪府・和歌山県を事例として「持続型」、「依存型」、「限界型」とはそれぞれどういった特徴をもつ地域なのかについて詳しく説明する。

「持続型」の地域は一五歳〜六五歳のいわゆる生産人口が多い人口構成をもつ地域である。一九九〇年〜二〇〇五年の人口構成の変化をみると、団塊世代が高齢者となり高齢人口は増加しているが、二〇〜三〇代の人口も増加しており、人口全体に占める高齢者の割合は高まっていない。「持続型」の地域では、二〇〜三〇代の人々が流入により全体に占める高齢者の割合は高まらず、さらに二〇〜三〇代の人々は新たに子供をもつことにより若年層の人口も維持されている。すなわち「持続型」の地域とは将来的にも持続的に人口が増加していくことが予想される地域なのである。具体的には大阪府の全域、また和歌山県の地方中心都市とその周縁部にこのタイプの地域が見られる。「依存型」の地域とは高齢人口と二〇歳未満人口が共に多い「ひょうたん型」の人口構成をもつ地域である。一九九〇年〜二〇〇五年の人口構成の変化をみると地域に住む人の高齢化が進むと共に、二〇〜三〇代の世代の流出が続いていることが分かる。すなわち「依存型」の地域とは、二〇〜三〇代の人々にとっては不可欠な大学や職場機能が存在しないために生産人口が流出し、「持続型」の地域に高等教育や職場の機能を「依存」している地域なのである。具体的には紀伊半島の地方中心都市以外の地域がこのタイプの地域にあてはまる。「限界型」の地域とは高齢化率が約四〇パーセントを超える地域である。高齢人口が老化すると同時に非高齢者が転出し地域の存続事態が危惧される「限界型」の地域となっている。紀伊半島、四国、中国地方の中山間地を中心にこのタイプの地域類型が見られる。

各地域の地域類型は固定的なものではなく時代と共に変化をしている。一九九〇〜二〇〇五年の間の変化

地域類型変化 (1990-2005)	地域発展過程
依存類型➡持続類型	❶都市更新 大阪市北区など
	❷都市拡張 日高町、岩出市と上富田町
持続類型➡依存類型	❸市街衰退 和歌山市と大阪市西成区、大正区
	❹老化住宅団地 千里ニュータウンなど
	❺地方郊外部
依存類型➡限界類型	❻限界集落拡大 紀美野町と有田川町など
限界類型➡依存類型	❼小規模観光地 川湯と熊野大社の周辺

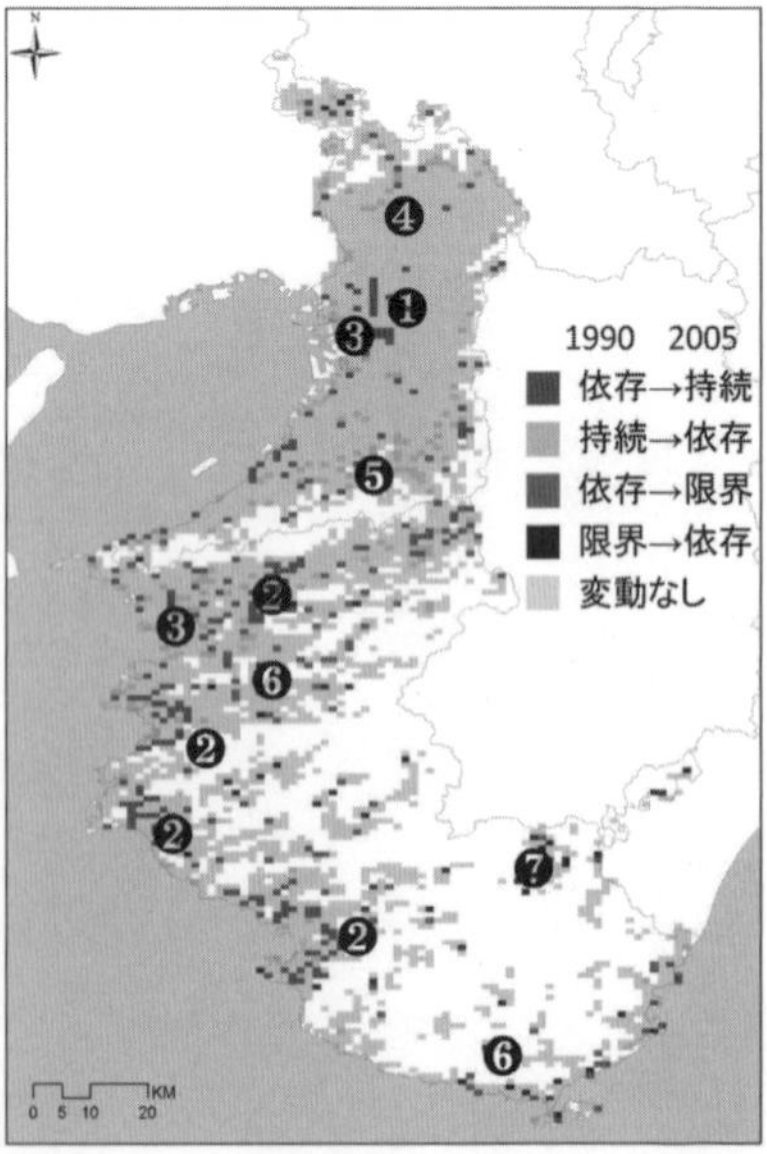

図2　地域類型の変化（1990年–2005年）
（出典：Hili Chen, Norio MAKI et.al., 2010）

図 3　2030 年の人口（出典 : Hili Chen, Norio MAKI et.al., 2009）

図 4　2030 年の高齢化率（出典 : Hili Chen, Norio MAKI et.al., 2009）

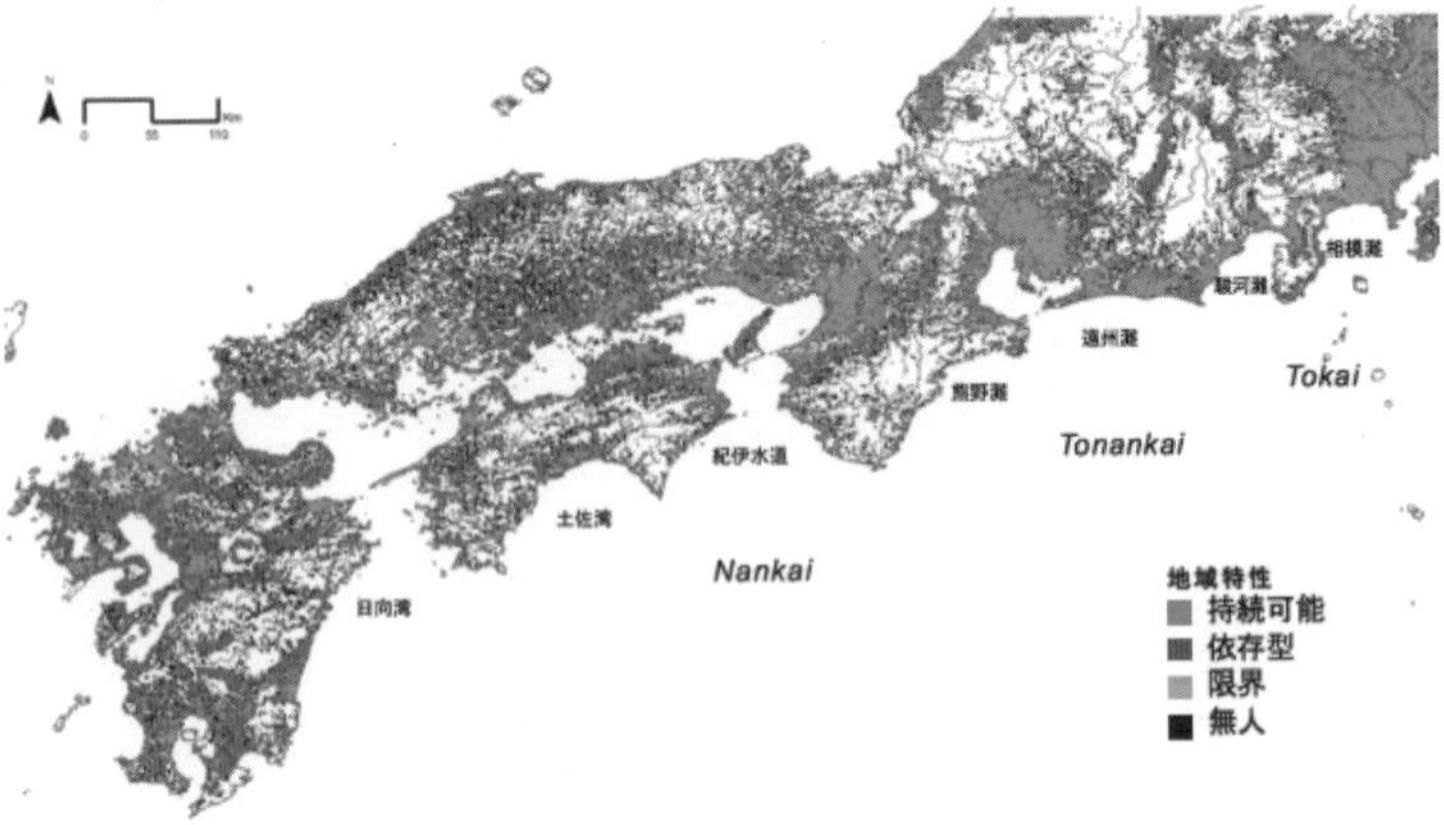

図 5　2005 年の人口に基づく地域類型
（出典 : Hili Chen, Norio MAKI et.al., 2010）

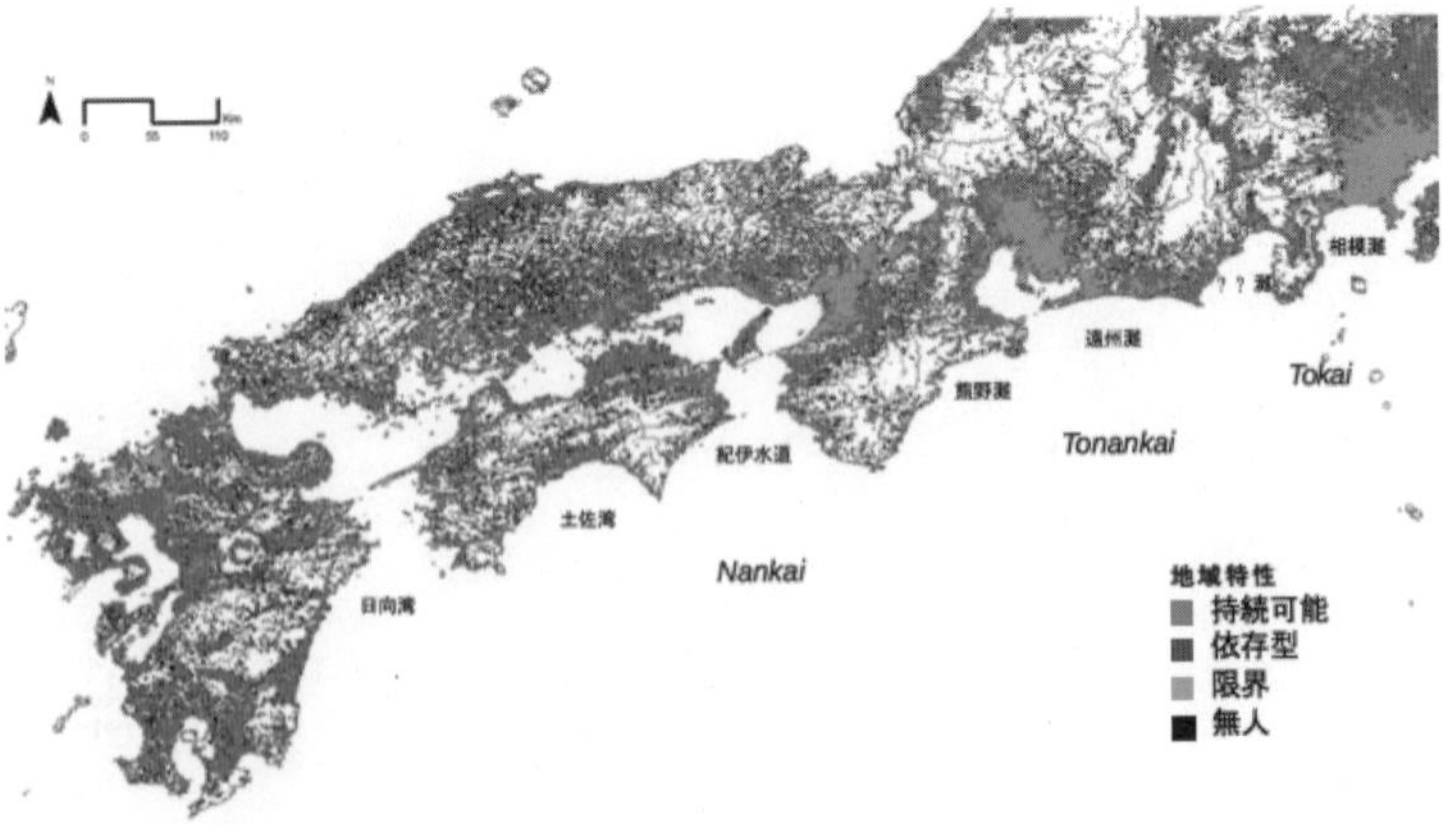

図 6　2030 年の人口推計に基づく地域類型
（出典 : Hili Chen, Norio MAKI et.al., 2010）

をみると「依存型」から「持続型」、「限界型」から「依存型」へと良い方向へ変化した地域も存在する。和歌山の地方都市の周縁部、建物の更新が進む大阪の中心市街地で「依存型」から「持続型」への変化が見られる。地方都市の周縁部はニュータウンが開発されたこと、大阪の中心部の変化は中心市街地にマンションが供給されたことに伴う変化である。また、紀伊半島南部の観光地では「限界型」から「依存型」への変化が見られる。観光産業が存在することにより若い世代が流入していることがその要因である。一方、「持続型」から「依存型」、「依存型」から「限界型」へと悪い方向へと変化した地域も存在する。「持続型」から「依存型」へ変化した地域は、和歌山市中心部、大阪市の西成・大正区、千里ニュータウンであり、都市の中心市街地・ニュータウンといった建物更新が進まない地域では新規住民の流入が無く、既存の住民が高齢化することが「依存型」への変化の原因となっている。また「依存型」から「限界型」への変化は、中山間地域に集中している。

東海・東南海・南海地震による影響が大きい地域には中山間地が多く、人口減少、さらには少子高齢化の影響を大きく受けると考えられる。二〇〇五年の人口を元に二〇三〇年の各地域の人口構成を推定すると、紀伊半島、四国、中国山地で著しい人口減少がみられ、また無人化する地域も発生している。また、高齢化はより顕著であり二〇三〇年には都市部も含めて六五歳以上の人口が二〇パーセントを超える地域が大半となる。二〇三〇年の一キロメートルメッシュの人口推計は、コーフォート要因法と呼ばれる。①現在の住民が十五歳年をとる、②今後産まれてくる人を加算する、③死亡する人数を推計する、④流入・流出人口を加除する、という方法で行っている。

二〇三〇年の人口推計結果に基づく「持続型」「依存型」「限界型」という地域類型を、二〇〇五年の結果を比較すると、東京・名古屋・大阪といった大都市圏の周縁地域が「持続型」から「依存型」へと変化し、紀伊半島・四国の中山間地域では現在の状態で人口が推移していくと「無人化」する地域が数多く存在している。その一方で、紀伊半島・四国・中国山地といった著しい人口減少と少子高齢化が進む地域においても地方中心都市には「持続型」の地域が存在し、二〇三〇年においても地域の核となる場所は存続している。

東海・東南海・南海地震で大きな被害を受ける紀伊半島・四国においては著しい高齢化が発生しており、今後、地域を支える若い世代が居ない中での復旧・復興を行うことになる。「限界型」の地域においては、今後も人口減少が継続し、将来的には「無人化」していくことが予想される。また、「依存型」の地域の中には今後「限界型」、「無人化」していくことが予想される地域も存在する。そういった状況においても、現在考えているような、元に戻す、さらには災害前より良い状態にするという復旧・復興が果たして適切なのであろうか。

災害からの復興には十年以上の長い時間が必要となる。復興を考える場合には、復興の完了時の社会の姿を想定して事業を進める必要があり、東海・東南海・南海地震が二〇三〇年に災害が発生したとすると二〇四〇～五〇年の地域の姿を念頭において復興を考える必要がある。現在の復旧・復興では、全国一律に対策を実施するということになっており、地域によって復旧・復興のあり方を変えるということは行われていない。しかし、今世紀前半の人口減少・少子高齢化という現実をふまえると、全国一律ではなく地域の現状を捉え、「限界型」、「無人化」していく地域からは撤退し、「持続型」の地域を地域のコアとするような復旧・復興戦略についても考える必要がある。

第②節…地域の「縮退」の実状

二〇三〇年になると中山間地域では人が住まなくなる集落が発生し、大都市周縁部では大規模な「持続型」から「依存型」への地域の変化が発生することが予想される。これまで日本においては拡大することを基本

写真１　自然化が進む分譲地（埼玉県）

写真２　空き地が多い分譲地（千葉県）

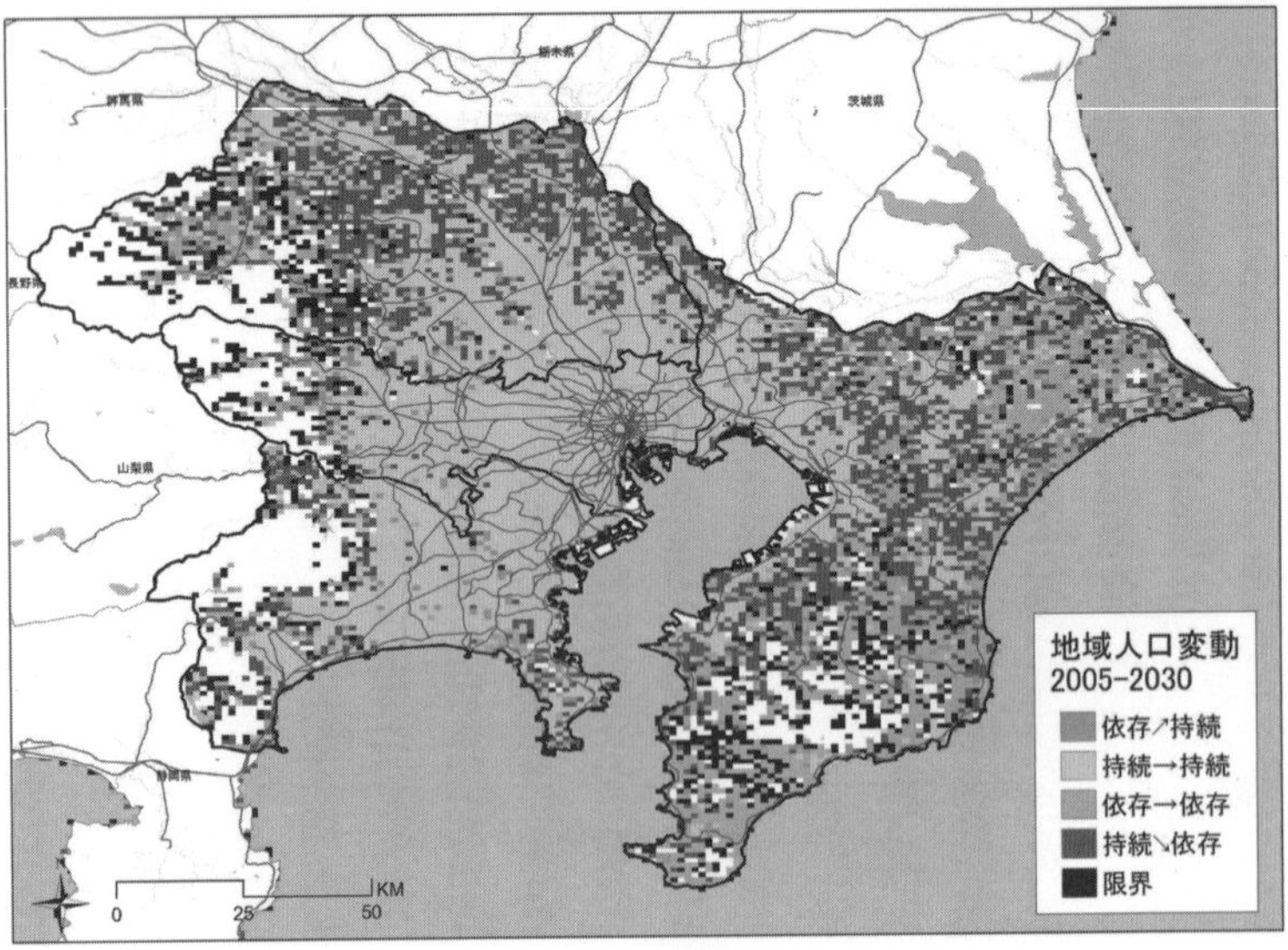

図７　2005-2030 年の首都圏の地域類型化（作成：陳　海立）

とした地域開発が行われてきており、縮小・撤退ということをほとんど経験していない。具体的に、中山間地・大都市周縁ではどういったことが起こるのであろうか。

近畿圏・中部圏ではそれほど顕著ではないが、首都圏では都心から七〇キロメートルを超える地域で多くの空き地・空き家が存在するニュータウンが実際に発生している。こういった地域では、自営水道の管理ができない、空き地に雑草が生い茂る、空き家・空き地の所有者が町内会費を支払っていないため住宅地の管理ができない、などといった問題が発生している。こういったニュータウンは「①都心から七〇キロメートルを超える地域、②首都圏近郊整備地域内の市街化調整区域の開発地で二〇〇五年現在人口集中地区（ＤＩＤ）となっていない地域、③首都圏近郊整備地域内の市街化区域であるが人口集中地区（ＤＩＤ）と連担していない地域」[(5)]に見られる。

首都圏における二〇三〇年の地域類型をみると地方中心都市が連担する東北・上越新幹線に沿っては「持

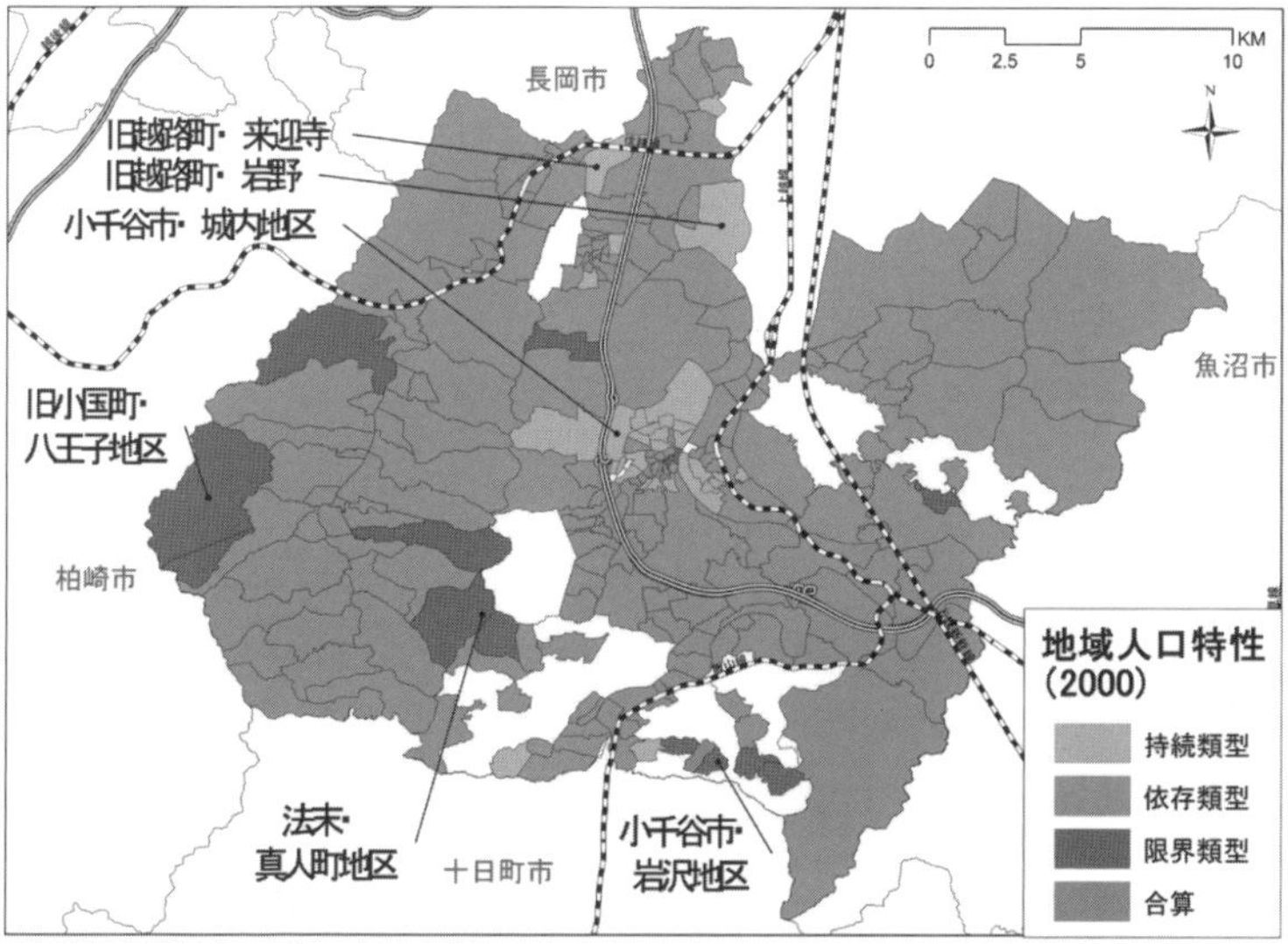

図 8　災害前の新潟県中越地震の被災地域類型（出典：陳　海立、牧　紀男、2010）

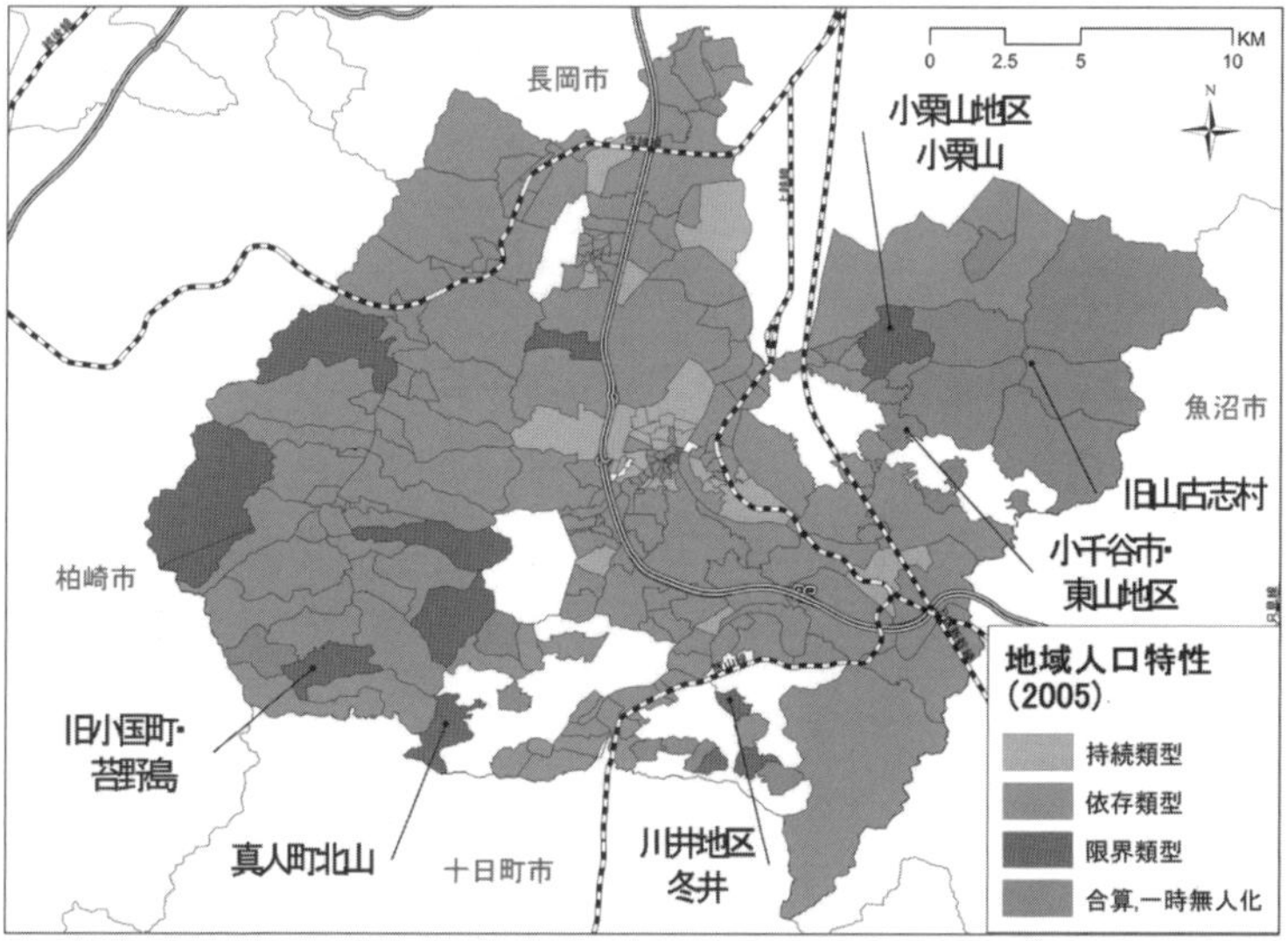

図 9　災害直後の新潟県中越地震の被災地の地域類型（出典：陳　海立、牧　紀男、2010）

写真３　小千谷市東山地区の集団移転先（小千谷市千谷）

続型」の地域が存在する。その一方で、その他の首都圏周縁地域は現在の住民の高齢化が進み生産人口の流入がないため、地域類型が「持続型」から「依存型」へと変化しており、最終的には人が住まくなるニュータウンが数多く発生していくことが予想される。また、二〇三〇年になると同様の地域類型の変化が中部圏、近畿圏でも発生しており、同様の問題が近畿・中部圏においても発生すると考えられる。

災害はその地域で将来発生することが予想される問題を先取りして発生させると言われる。二〇〇四年新潟中越地震は、特に中山間地域においては人々の地域からの転出の契機となり、地域の人口変化を二〇年早めたと言われる[6]。人々が地域から転出したことにより、小千谷市の東山地区では、二〇〇八年の地域の人口ピラミッドが、災害がない前提で推移した場合に予想される二〇三〇年の人口ピラミッドへと変化している。年齢毎に転出した人口の割合に大きな違いはないのであるが、災害前から高齢化が進んでいた中山間地域では、災害前から少なかった六五歳より下の世代が少し転出するだけでも地域の人口構成に与える影響は大きい。

中山間地域といっても中越地震で大きな被害を受けた小千谷市東山地区、旧山古志村は、災害前「限界型」ではなく「依存型」の地区であった。二〇〇五年の国勢調査では避難勧告が出されているために一時的に無人地区になっており、二〇一〇年に実施された国勢調査の結果を待つ必要があるが、各地区の個別のデータを見てみると、災害を契機に「依存型」から「限界型」へと変化していると考えられる。復興事業として災害後の人々の移動を支援したのが防災集団移転事業であり、長岡市（旧山越村、浦瀬町、旧越路町、旧小国町）の集団移転では同じ地区内での移転が行われたが、川口町・小千谷市では平坦地に新たに建設された分譲地への移転が行われた。小千谷市東山地区では集団移転とはいっても集落すべての住民が移転したわけではなく、集団移転事業を実施した結果、移転しなかった人の住宅が集落内に点在することになった。

また防災集団移転を実施するような大きな被害を受けていない中山間地でも二〇〇〇年から二〇〇五年にかけて「依存型」から「限界型」へと変化している。具体的には小千谷市川井地区冬井、真人町北山、小栗山地区小栗山、旧小国町苔野島といった地区が「限界型」へと変化しており、詳細は不明であるが、いずれも中山間地に立地する集落であり、既存の住民の高齢化と労働人口の転出することで地域の存続が危惧される状態へと変化したと考えられる。

震災により六五歳以下の人々が転出と人口減少が発生し、大きな被害を受け、集団移転が行われた地域では本来であれば二〇三〇年頃に顕在化するはずであった問題が災害後に発生している。住民の移動は地域の維持に不可欠な町内会の存続も危うくし、小千谷市の東山地区では十分な町内会費を集めることができないため町内会の統合という議論も行われるようになっている(7)。

中越地震で被災した中山間地以外の地域についてみると、市・町の役所が存在する（した）場所では、少子高齢化が進む地方都市であっても「持続型」の地域が中心市街地を取り囲むように存在している。具体的には小千谷市中心部、旧越路町（現在長岡市と合併）の中心部であり、こういった地域では災害後の二〇〇五年も「持続型」の地域は「持続型」のまま存続しており、災害の影響を受けたにも関わらず地域の核は失われていない。集団移転に伴う人口変化をみると、東山地区からの集団移転用の住宅団地、復興公営住宅が建設された小千谷市の三仏生・千谷といった地域では人口は増えているのであるが地域類型は「依存型」のままとなっている。転入してきた世帯は中高年層であり、集団移転は将来に亘って持続的に地域が維持されるような効果はもたらしていない。

こういった状況をふまえ二〇三〇年頃の日本の各地域の状況を考えると、大都市圏においては、周縁部の分譲地で、新たに流入してくる若年層がないため、高齢化が進み、空き家が多く存在し、分譲地の管理が難しくなるような事態が発生することが予想される。一方、地方都市においては、周囲の中山間地で、大都市の周縁部よりもより高齢化が進行し、「限界型」の集落が多く存在し、集落の維持管理をどうするのか、どのように集落をたたむのかが課題となる。東海・東南海・南海地震、首都直下地震からの復旧・復興を考える場合には、二〇三〇年においても各地域においてコアとなるような場所は存在しており、周縁部の人が住まなくなってくる地域を、地方中心都市に集約するようなことを考える必要がある。

大都市周縁部、中山間地域で地域に住まなくなるような状況が発生するのは、現在の居住者が転出せず、その一方で子供を産み・育てる若い世代の流入がないため現在の居住者がそのまま高齢化していくからである。高度成長期に「新たに」確立された日本の住まいの変遷モデルは、若い時は賃貸住宅に住み、その後、マンションを購入し、最終的には「一戸建て」に住むというも

写真4　雲仙普賢岳噴火災害後の河川の復旧

のである。住宅双六では「一戸建て」が「アガリ」であり、そこから動くことはない。そのため「一戸建て」という夢を実現するために開発された大都市圏周縁部の分譲住宅地では人々の流動性が失われ、入居時に居た人がそのまま高齢化し、最終的には「限界化」していくという問題が発生している。災害後、高齢世帯のすまいの再建費用が常に問題となる。こういった地域が一度災害に見舞われると、住宅が再建されず、人が住まない地域となることも考えられる。高度成長に確立された「持家」制度が、社会の流動性を失わせたことは、災害という問題だけでなく地域の持続性の維持という点においても大きな問題を発生させている。

第③節…災害からの回復目標としての「生き残り」

二〇三〇年になると日本は中山間地、大都市圏の周縁部において維持することが困難な集落・分譲住宅地が発生するようになる。こういった状況下にある日本

写真５　2004年新潟県中越地震後の道路復旧

を東海・東南海・南海地震、首都直下地震が襲う。災害からの回復においては、維持することが困難な地域を「持続型」の地域に集約することを考える必要があることは先述のとおりであるが、ここではもうすこし大きな観点、災害に対する復旧・復興のレベルとどのように設定するのかについて考えてみたい。先述のように今の災害復興の考え方は、経済成長を前提としたものであり、特に区画整理、都市再開発事業といった都市計画事業はその地域の人口が増えることで採算性を確保するものとなっている。また道路、堤防といった社会基盤施設についても二度と同じ被害を出さないという観点から、現状復旧が基本であるが実際には災害前よりも良い水準での整備が行われる。同じ災害を二度と繰り返さないという観点からは整備水準をあげることは重要である。ただし、被災地域一律に整備水準を上げるということについて議論の余地があるところである。今後、人口減少が進み地域の維持が困難になる地域についても災害前よりも良い水準で復旧するのかということである。災害からの回復のレベルには、①災害前よりも良くする、②災害前と同じ水準にする、③災害前のレベルには戻さない、という三つのレベルが存在する。人口減少ということを前提とすると、これまでの全国一律ではなく、地域の将来のかたちをふまえて、この三つのレベルを組み合わせていくようなことを考える必要がある。ただし、災害が起こってからでは、ここは直して、ここは直さないということは到底、納得を得ることはできないので、災害前から地域の将来像をふまえて、地域の将来計画としてこういったことを決定しておく必要はある。

災害前よりも良いまちに復興されるのにこしたことはないが、災害からの回復レベルをさまざまに設定する必要があると考えるのは、人口減少時代特有の財政事情のためである。松谷は「人口減少時代に財政収支を悪化させないためには、一人当たりの財政支出もまた基本的に横這いにとせざるを得ない。そうでなければ、財政収支は加速度的に悪化することとなる」(8)と書く。松谷によると、生産性の向上に伴う労働者の所得の上昇は、高齢者(働かない人)が増えることで相殺され、高齢者も含めた一人当たりの国民所得が横這いに推移する。その結果、税率を一定とした場合の税収も一定になり、現在のような右肩上がりの税収を確保しようとすると、毎年増税を実施する必要があるということである。公債の発行には金利が発生し、後年になるほど負担が大きくなる、すなわち右肩上がりの税収を前提としたものであり、税収横這いという前提では公債の発行は困難になると考えられる。

災害は災害対応・応急対応の費用、社会基盤施設の復旧費といった「追加的な支出」を必要とする事態を発生させる。災害がなくても「新たな投資」を行うことはできない状況の中で、災害復旧のための追加投資を行うと考えると、全体としての方向性は、災害からの復旧費を賄うために財政支出を右肩下がりにする必要があるということになる。災害からの回復には一〇年以上の長い期間を必要とし、その間は右肩下がりと

写真6　WTCの再建（2011年3月撮影）〈左側：Freedom Tower、右奥：槇文彦担当のWTC4〉

いうことになると、パプアニューギニアの事例から明らかになった「地域の生き残り」ということが日本でも現実味を帯びてくる。東海・東南海・南海地震の直接被害は四〇～六〇兆円と予測されており、もとに戻すだけでもこれ以上の支出が必要となる。増税しても現状水準を維持することが前提となる中で、災害からの回復については地域ごとに異なった方針で進めざるを得ないことは、財政状況からも明らかである。

現在と同様に災害復興のために増税をしないという前提で財政支出一定ということを考えると、人口減少時代においては、「地域の生き残り」が災害からの回復のベースラインとなる。したがって、基本的なトレンドである「右肩下がり」をなんとかして「横這い」に戻すことが「生き残り」ということであり、「生き残り」が人口減少社会における災害からの回復を考える際の基本戦略となる。これまでの災害復興の経験から分かっていることは、災害復興のための巨額の投資をもってしても災害前の地域変化のトレンドを変えることができ

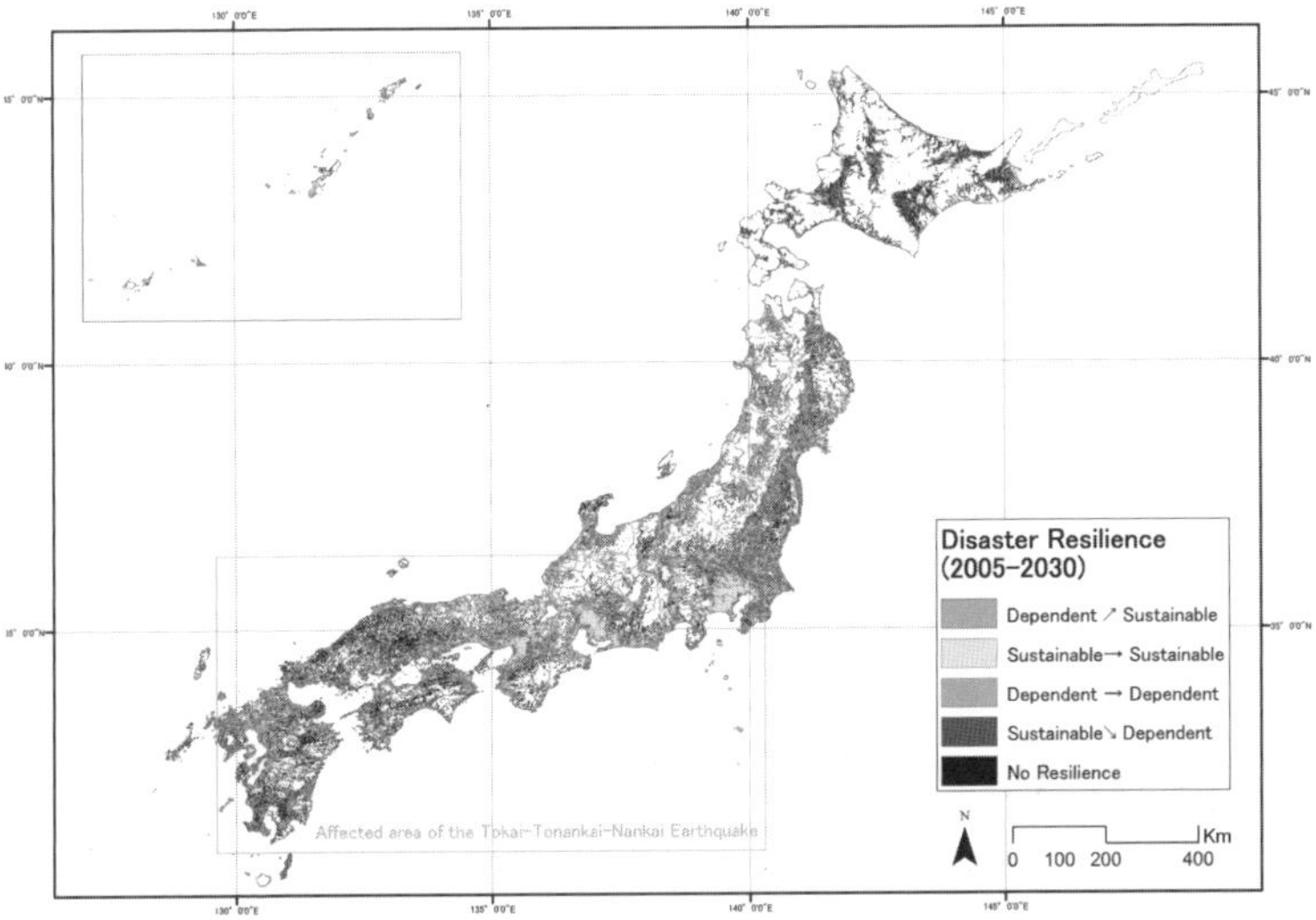

図 10　地域類型変化（2005–2030 年）（作成：陳　海立）

ないということである。災害復興に関わる取り組みが地域に全く何の変化も起こさないということではなく、長田区の再開発地区では新たに建設されたマンションに若い世代が入居することで地域の人口構成は「持続型」へと変化している。長期的にみれば災害復興の投資が、地域を変化させる機会を創出する機会となる可能性はあるが、災害復興一〇年というタイムスパンで見ると地域変化のトレンドに大きな影響を与えるものではない。

　阪神・淡路大震災では火災により大きな被害を受けた長田区で再開発事業が実施されたが、人口減少は止まらず、事業規模が縮小された。二〇〇一年同時多発テロで被害を受けたＷＴＣが位置するロワー・マンハッタンは災害前からオフィス地区から住宅とオフィスの混在地区へと変化してきており、災害後、ＷＴＣの敷地にオフィスビルを再建することが決定されたが、オフィス需要が低下している事もあり、建設が遅れ、災害から約一〇年が経過する現在も再建は完了していない。また地域全体としてはさらに多くの建物

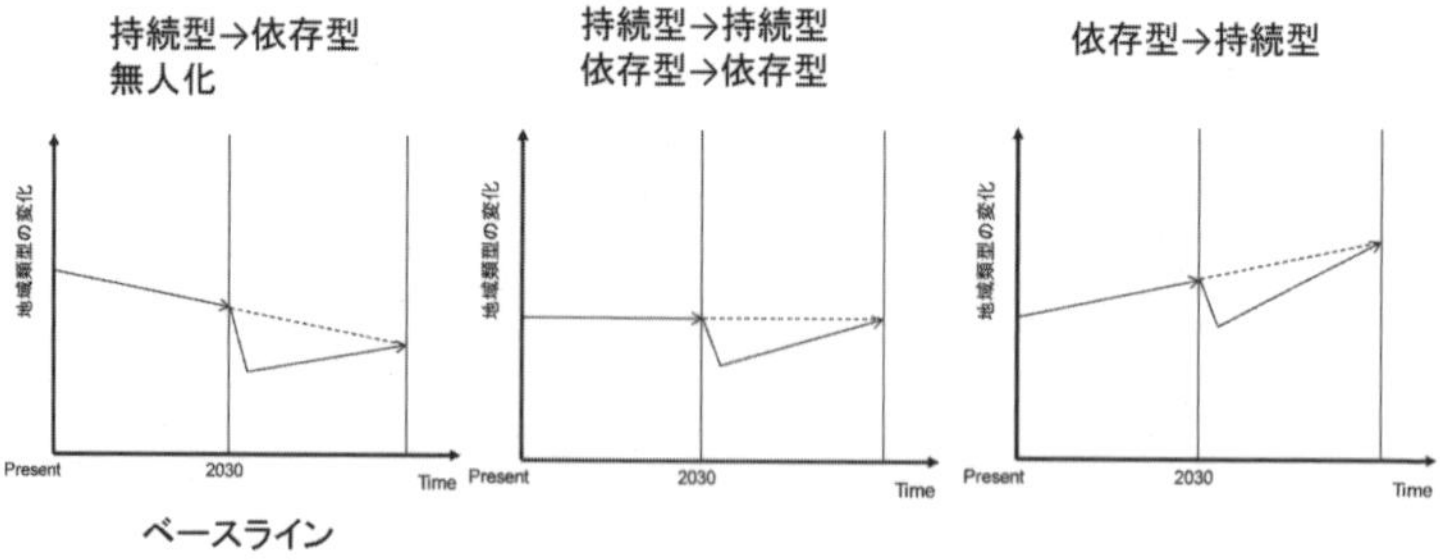

図 11　地域ごとの回復戦略（作成 : 陳　海立）

が住宅として利用されるようになっている。二〇〇五年ハリケーン・カトリーナ災害で大きな被害を受けたニューオリンズでは災害前から続いていた人口減少は、災害後も継続しており、五年が経過した現在も人口は災害前のレベルに回復していない。

そのためには、災害後の地域の回復戦略を考える場合には、災害前の地域がどのような変化のトレンドあったのかということを注視することが重要である。日本の二〇〇五年と二〇三〇年の地域類型の変化を比較すると、①「依存型」→「持続型」とより良い方向へと変化した地域、②「持続型」→「持続型」、「依存型」→「依存型」と変化していない地域、③「持続型」→「依存型」、「無人化」と下向きに変化している三つのタイプが存在する。災害後の投資は、地域変化のトレンドに変化を与えることはないため、災害後も災害前の変化と同じトレンドで推移してゆくことになる。したがって災害後の回復戦略は「地域の生き残り」を最低限実現することを確保し、①より良い方向へ向かう地域については、現在の災害復興と同様に「災害前よりも良くする」ことを災害からの回復戦略、②変化していない地域については、「災害前と同じ水準にする」ことを目標とした回復戦略、③下向きに変化する地域、無人化している地域については、「災害前のレベルには戻さない」が地域の生き残りのための最低限の機能の確保という回復戦略をとる、ということが合理的な判断となる。

現在、各地域の防災計画には災害からの復旧・復興のあり方についてはほとんど記述されておらず、地域の将来ビジョンを示す総合計画や都市計画マスタープランには、防災という視点での記述はあるが、災害後の復旧・復興について一部の自治体を除いてほとんど記述がないというのが現状である。しかしながら、東海・東南海・南海地震は西南日本の地域を近い将来襲うことは確実であり、この災害をふまえることなしに地域の将来ビジョンは描けない。災害後にこういった地域の回復戦略について納得を得ることは不可能であり、災害に見舞われることをふまえて地域の総合計画・都市計画マスタープランに地域ごとの回復方針を示しておく必要がある。

第④節…しなやかな「すまい方」の希求

日本人の生活は戦後大きな変貌を遂げる。戦前は四〇パーセント程度であった都市に住む人々の割合が、戦後は一貫して上昇し一九五五年には五六パーセントを超え、日本人の半分以上が都市に住むようになる[9]。また、東京・名古屋・大阪という三大都市圏の人口に住む人の割合も上昇し二〇〇五年には五〇パーセントとなった[10]。戦後、日本人の多くが都市に住むようになったのであるが、都市における住宅の所有形態も同時に大きく変化した。日本における伝統的な都市居住の基本は、落語にも描かれるように「借家」であった。しかしながら、二〇〇八年の調査では三大都市圏全体でも持家率が五六・九パーセントとなっており、現在、都市部においても「持家」が主流となっている[11]。全国的に見ても戦後、持家率は一貫して上昇しており、一九四八年には全国で四六・七パーセントであった持家に住む世帯比率が一九五八年には七一・三パーセントに達する。持家率が上昇していく中で、唯一減少したのは都市への人口集中が発生する一九六三〜一九七三年のことであり、一九七三年には五九・二パーセントにまで低下する。都市に人口が集中することで持家率が下がったことからも、一九七〇年代前半までは都市居住の基本は「借家」が基本であったことが分かる。高度成長期の一九七〇年頃までは都市の住む人は、基本的には「借家」に住んでいたのであるが、その後、都市に住む人も農村に住む人と同様に持家に住むように変化している。国土交通省が一九九三年から実施している「土地問題に関する国民の意識調査」の二〇〇九年結果では「建物の所有に関する意識」では「土地建物を所有したい」八一・三パーセントであり、調査開始以来ほぼ八〇パーセント以上で推移している。これは一九五〇年に住宅金融公庫、さらに一九八六年からは住宅取得を促進する目的で住宅ローン減税制度を創設し、持家取得を国が推進してきたこととも無関係ではないと考える。

日本人も移動しないということはなく三七・五パーセントの人が五年間の間に住居を移転しているのであるが、一度、住宅を購入すると移動しなくなり、持家から持家へと転居した人の割合は九・二パーセントにすぎない[12]。必要もないのに転居するはずはなく、何も転居しないことが悪いといっているのではない。問題にしているのは社会の流動性が失われていることである。日本のすまいが常成らざるものであった、というのは、物理的にそれほど長持ちするものではない、という点に加えて、何度も引っ越しをするという二つの側面があった。荷風の日記[13]を読むと持家であったにも関わらず荷風は何度か引越を繰り返しており、谷崎潤一郎は引越魔として有名である。荷風も谷崎も関東大震災で家を失っており、その後、全く別の場所へ転居をしている。高度成長を経て、日本人の半数以上が都市に住むようになったが、その一方で都市におけるすまいの特質であった「移動する」という文化が失われている。

災害に見舞われると、人々は何らかの移動を余儀なくされる。このことが、日本の住まいが常成らざるものであったことを深く関係があると考える。しかしながら、日本のすまいの特質が大きく変化した戦後から高度成長期は地震の平穏期であり、災害にほとんど見舞われることがなかった。このことが日本のすまいに対する考え方に大きな変化を与えているのではないだろうか。災害による被害を考えると、持家を失うと非常に大きな損害を受けるが、借家であれば被害は家財に限定される。こういったことが、災害が多い都市において借家が主流となってきた背景にあると考える。住み替えるという文化は失われたのであるが、その一方で物理的な「常ならざる」姿はそのままであり、日本の住宅の平均利用年数は二六年と欧米諸国と比べると非常に短い。住まいがストックとしてではなく、消費財として利用されている。

災害に見舞われた人々が自動車で暖をとり、自動車のラジオを使って情報を得る姿を見て「自動車に建築が負けた」と言った先生がいる。住宅はライフラインを外部に依存しているが、自動車はガソリンが続く限りは自立的に機能することが可能である。究極の災害に強いすまいの姿はライフラインなしでも自立的に機能する自動車のようなモノであり、どこにでも移動できるモービルホームが現在の方丈庵なのかもしれない。ガスを利用して発電し、その熱を冷暖房・給湯に利用するコージェネレーション(14)や燃料電池を備えた住宅は、物理的側面から見た場合の今後の災害に強い・しなやかなすまいのあり方である。しかし、高機能の設備を持つ住宅を建設するにはこれまで以上に多くの費用が必要になる。現在の住宅の価格は、ずっと一軒の家に住み続けることを前提に二〇〜三〇年ローンで支払い可能な価格に設定されている。二〇〜三〇年ローンで建設可能な住宅の質には限界があり、おのずと消費財とならざるを得ない。そのことが住宅を転売することが出来ず、同じ場所に留まり続けざるを得ないという状態を発生させているのかもしれない。

これまでもずっと言われてきたことであるが、一代限りの消費財ではなく、不特定多数の人が交互に利用していくようなストックとしての住宅を整備し、生活スタイルに合わせて移り住んでいくようなシステムに、日本のすまい方を再構築していくことが必要である。そのための仕組みとして、中古住宅の流通システムの整備、長く利用な可能な躯体と取り替え可能な内部設備から構成されるスケルトン・インフィル型の住宅供給、家族向けの賃貸住宅の供給等、様々な技術的提案が行われているが、なかなか上手く機能していない。その背景には、政府が推進した持家政策と、高度成長期を通して醸成された都市においても「持家」に住むことが当然であるという思い込みにあるような気がする。

しかしながら、これまで述べてきたように、都市においても「持家」に住み、一箇所に定住するという住まい方は災害が少なかった戦後～高度成長期にかけてつくり上げられた幻想である。そして「持家」に住み定住することが、社会の流動性を失わせ、大都市周縁部における異常な高齢化社会を発生させている。災害が多い日本においては、歴史的にみて都市居住の基本は「借家」住まいであり、二十一世紀前半の自然災害の時代を迎える我々はこのことを、さらには災害に見舞われたら移動するのだ、という感覚を再度獲得する必要がある。しかしながら、住まいの物理的なレベルまで「常ならざる」ものに戻す必要はない。消費財としてではなく、長く使える良質なストックとして住宅を整備していく必要がある。日本の国土は戦後一貫して拡大を続けてきた。その一方で半数以上の人々は都市に住むようになり中山間地域の人口減少は著しい。中山間地人口減少に対する対応策として、二地域居住（週末は農村部に住む）、定年帰農、若い世代の農村移住、といった対策が考えられているが、いずれも特効薬ではなく、「積極的撤退」が必要であるとされる[(15)]。

戦後から高度成長期にかけて日本の社会は大きく変

化を遂げた。その変化は自然災害が少ない時期に起こったものであり、工学技術の進歩によりある程度で自然災害が制御可能にもなっている。しかしながら、阪神・淡路大震災の被害からも分かるように本質的な意味において日本は自然災害地域であるということを踏まえた変化ではない。二十一世紀前半の日本は「自然災害の時代」となる。本書ではその発生が確実視される東海・東南海・南海地震を中心に、どう備えるべきか、ということについて述べてきた。我々は東海・東南海・南海地震に見舞われる前までに、高度成長期に大きく変化した日本の社会・住居・都市・地域を、災害に見舞われるということを前提に生活および生産に関わるすべてのシステムについて再構成する必要がある。

【第6章補注】

本章の内容は以下の論文(1)~(4)が初出である。

(1) Chen.H., Maki, N., and Hayashi, H. (2010) Adapting the Demographic Transition in Preparation of the Tokai-Tonankai-Nankai Earthquqke, Journal of Disaster Research, Vol.5, No.6, pp.666-676

(2) 陳 海立・牧 紀男・林 春男、「地域人口特性に基づく地域復興の評価—阪神・淡路大震災と新潟県中越地震の地域特性と復興像—」、地域安全学会論文集、No.13, pp.347-355, 2010

(3) Chen, H., Maki, N., and Hayashi, H. (2009) Evaluating the Impact of Demographic Transition in the Context of the Tokai-Tonankai-Nankai Earthquake, Japan, Journal of Natural Disaster Science, Vol.31, No.2, pp.19-30

(4) Norio Maki, Hai-Li Chen, and Shingo Suzuki(2009) Response to Possible Earthquake Disasters in the Tokai, Tonankai, and Nankai Areas, and Their Restoration/ Reconstruction Strategies, Journal of Disaster Research, Vol.4, No.2,pp.142-150

(5) 饗庭 伸、川原 晋、澤田雅浩、牧 紀男、「都市縮退時代の都市デザイン手法に関する研究」、『人と国土21』、第33巻 第6号、pp.1-6、2008

(6) 澤田雅浩、地方の地域再生WG報告書、「時代の潮流を踏まえた防災対策のあり方」、委員会報告書、2011

(7) 澤田雅浩、「中越地震からの地域再建過程に関する研究」、日本建築学会北陸支部研究報告集、No.52、pp.369-372、2009

(8) 松谷昭彦、「人口減少時代の大都市経済」、東洋経済新報社、p92、2010

(9) 小川直宏、都市化率、『知恵蔵2011』、朝日新聞社

(10)総務省統計局、平成17年度国勢調査

(11)持家率の推移は、国土交通省、住宅土地統計調査による

(12)国土交通省住宅局、「平成15年住宅需要実態調査結果」、国土交通省、2003

(13)永井荷風、『断腸亭日乗』、岩波文庫、1987

(14)2007年新潟中越沖地震では液状化により初めて被害が発生したが、基本的に中圧管は地震でも被害を受けていない。

(15)林 直樹、斉藤晋編著、『撤退の農村計画』、学芸出版社、2010

第7章 東日本大震災

Miyako Taro

●第①節…東日本大震災という社会現象 (1)

本稿では「東北地方太平洋沖地震」という言葉と「東日本大震災」という言葉を別の意味をもつ言葉として分けて使いたい。「東北地方太平洋沖地震」というM九・〇の近代日本が経験したことのない巨大地震はあくまで自然現象であり、今発生している社会的事象を示すものではない。沿岸部の津波被災、原子力発電所の事故などといった社会的事象を示す場合には「東日本大震災」という言葉を使う必要がある。

この地震は、①東日本の太平洋沿岸域での津波による壊滅的被害、②百万都市・仙台市での多くの人的被害、ライフライン停止に伴う大規模な生活支障、③原子力発電所の被害とそれに伴う多くの人々の長距離避難、④長周期地震動・計画停電による首都圏の機能不全、⑤サプライチェーンの支障、株価の下落等、日本さらには世界への供給被害の波及、といった社会的影響を発生させている。この災害を理解するためにはその時注目を集めている一つの事象を注視するのではなく、こういった五つの社会現象が同時的に発生しているのだという認識をもつことが重要である。

日本においてこれほど広域かつ大規模に発生したことはないが東日本太平洋沿岸で発生している津波による被害は、これまでに経験したことがある事態である。二〇〇四年一二月二六日、インドネシア・アチェ沖を震源とするM九・一（ＵＳＧＳ）の地震は大規模な津波を発生させ、津波による被害はタイ、スリランカ、インド、さらにはアフリカのインド洋に面したケニア、タンザニア、ソマリアといった国々にまで及んだ。国連の集計によると、人的被害は死者二二三、四九二人、行方不明四二、二三〇人にも及ぶ。この災害で最も大きな被害を受けたのは震源に近いインドネシア・アチェ州であり、約一二万人の人々が命を失った。二〇〇四年の年末に、車や家のガレキ、樹木を巻き込んだ津波が市街地に流入する映像に見覚えのある人は多いと思う。津波はバンダ・アチェ市において鉄筋コンクリート造の強固な建物を除いて、すべてを破壊した。日本では北海道・奥尻島が一九九三年に発生した北海道南西沖地震・津波により壊滅的な被害を受けた。島の南端に位置する青苗地区ではほとんどの建物が流され、さらに流出した漁船の燃料に引火し、大規模火災が発生した。今回の災害でも、津波被害を受けた地域では鉄筋コンクリート造の建物以外は何も残っておらず、地震当日には大規模な火災が発生した。

百万人を超える人口をもつ仙台市における被害の様相は、津波の被災地域とは異なる。仙台市のベッドタウンとなっている仙台平野南部の地域での津波による被害は甚大であり、さらに津波被害を受けなかった地域でもライフラインの停止による大規模な生活支障が発生している。今回の災害による死者・行方不明者数は全国で二万八千人近く（二〇一一年三月三一日現在）となっているが、県別に見ると、宮城県の死者・行方不明者（死者六、九五九人、行方不明七、一一七人）が突出しており、岩手県（死者三、三九六人、行方不明四、五六〇人）の二倍近くに及ぶ。これは、地震は自然現象であり、地震災害は社会現象であると言ったことと関係がある。どれだけ大きな地震が発生してもそこに人が住んでおらず、社会活動が行われていなければ災害とはならない。人が住んでいない砂漠の中で地震が発生しても被害は発生せず、地震災害という社会現象は発生しないのである。人口が多ければ多いほど、社会活動が活発であればあるほど地震による社会的影響は大きくなり、その後の災害対応、被災者支援も大変なことになる。そのため百万都市である仙台市の被害と社会的影響は、人口数万人の津波による被害を受けた地域とは異なる。しかしながら、津波による被害は別として仙台市で現在発生している問題は、仙台市が三〇年前に経験した事態である。仙台市は約三〇年に一回、M七クラスの地震に見舞われる場所に位置しており、一九七八年にも宮城県沖地震に見舞われている。この地震災害ではブロック塀の倒壊により二〇名近い人が亡くなり、ガスが一カ月程度停止し、大規模な生活支障が発生した。一九七八年宮城県沖地震に伴う被害は近代日本が初めて経験した「都市型災害」として位置付けられている。一九七八年宮城県沖地震を経験して仙台市を始めとする日本の都市は、今日まで社会基盤施設の耐震化を進めてきた。今回の仙台市の被害をもとに、その対策の有効性については、検証すべきことの一つである。

原子力発電所で被害が発生し、周囲二〇キロメートルに住む人々が広域避難を行うという事態は、日本にとってはまったく初めての経験である。一九九九年茨城県東海村で発生したウラン燃料加工工場での臨界事故の際にも、周囲に住む住民の避難が行われたが、対象範囲は五〇〇メートルにすぎなかった。二〇〇四年に制定された国民保護法に基づき、テロ攻撃を受けた場合の住民の大規模広域避難の訓練が行われていたが、実際に日本で行われたのは今回が初めてである。しかしながら、海外では大規模広域避難を実施した事例が存在する。二〇〇五年ハリケーン・カトリーナにより、ニューオリンズ市では、市域の八割が湛水するという被害が発生した。ニューオリンズ市ではスーパードーム等市内の避難所に取り残された人々を、ヘリコプターを利用して浸水していない地域まで移送し、さらに隣のテキサス州までバスでの移送という対応が行われた。ゼロメートル地帯に位置するニューオリンズでは排水作業に長い時間が必要となり、約一カ月にわたって市域は立ち入り禁止となり、市民は全米各地で避難生活を行った。

今回の災害では首都圏での社会的影響も甚大である。遠く離れた地域まで揺れが届く長周期地震動の影響により、地震当日は石油コンビナートでの火災が発生し、浦安市では液状化、多くの高層ビルでエレベーター等の被害や室内のモノが散乱する等の被害が発生した。また公共交通機関の停止による「帰宅困難者」も大量に発生した。首都圏はM七クラスの地震に対し、今後三〇年間に七〇パーセントの確率で発生することが予想されており、その際には今回のような帰宅困難者が発生することが予想されていた。しかし、実際に発生したのは今回が初めてなのである。長周期地震動による石油タンク火災については二〇〇三年十勝沖地震の際に発生している。震源から二〇〇キロメートル以上離れた苫小牧で石油タンクの火災が発生し、鎮火までに長い時間が必要となった。人口が集積し、社会・経済活動が活発な首都圏における地震による社会的影響は、それほど大きな地震動でなくても大きくなる。地震発生から時間が経過しても計画停電、放射能の影響を恐れた外国人や子供の疎開等、首都圏ではさまざまな影響が継続している。世界の経済中心が機能停止した事態としては二〇〇一年米国同時多発テロにおけるニューヨークの被害がある。WTCという非常に限られた地域で発生した被害であったが、その影響はニューヨーク全域さらには世界に波及した。

一つの工場が停止することにより日本、さらには世界の自動車工場が停止するという事態は、二〇〇七年新潟県中越沖地震で経験している。この地震により自動車のピストンリングをつくっている工場が被害を受け、全国の自動車工場のラインが停止した。

これらの災害による個々の「社会的影響」は、どれも経験したこと、もしくは予想されたことであった。しかしながら、それが大規模かつ広域に、さらに同時に発生しているということが、今回の災害の特徴である。さらに個々の社会的影響が相互に関係することで、さらに影響をさらに拡大させている。そういった意味で今回の災害は「複合災害」と呼ぶべき事態を呈しており、これは日本、世界が初めて経験する事象とも言える。

第②節…どのように備えていたのか

「宮城県沖」、「三陸沖南部海溝寄り」を震源とする地震については、今後三〇年間の発生確率がそれぞれ九九パーセント、八〇～九〇パーセントと発生することが予想されていた地震であった。最悪のシナリオとして、この二つの地震が連動して発生することが懸念されていた。しかしながら、今回の地震はそれをはるかに超える規模であり、青森沖から茨城県沖までが震源域となっている。この地域における最大規模の地震としては、八六九年に発生した「貞観の地震」と呼ばれるM八・三以上の地震が知られている。この地震では今回と同様に仙台平野の内陸部まで津波が入ったことが、津波により運ばれた砂の層が地層の中に存在することから確認されている。この地域で大きな規模の地震が発生したことは知られていたが、この地震を対象とした具体的な対策は行われておらず、今回の地震は「想定超過」の地震であった。

しかしながら、岩手県の三陸地方から仙台にかけての地域は日本でも有数の防災先進地域であることは間違いない。リアス式海岸を有する三陸地域は、明治三陸地震（一八九六年、死者約二万二千人）、昭和三陸地震（一九三三年、死者・行方不明者約三千人）、チリ地震津波（一九六〇年、死者約一千七百人）とこれまで度々、津波被害を受けており、津波がどこまで来たのかを示す石碑が各地に数多く残されている。度々津波に襲われるこの地域では、津波避難ビルの整備、防潮堤・防波堤の整備等々、さまざまな津波防災対策が講じられてきた。今回被害を受けた地域は住民の防災意識も高く、二〇〇九年に発生したチリ地震津波の際の避難率は、大船渡市、陸前高田市でそれぞれ七六・八パーセント（岩手県調査による）と他の地域と比べて極めて高い。ソフト対策にだけでなく津波を防ぐためのハード対策も行われており、昭和三陸地震で大きな被害を受けた岩手県・宮古市田老地区では海と川からの津波の流入を防ぐため集落を囲む一〇メートルの防潮堤が、岩手県・大船渡市、釜石市では湾の入口に、津波の流入量を減らすための湾口防波堤が設置されていた。今回の津波は、こういったソフト、ハード両面による先進的な防災対策をもってしても、完全に防ぐことはできない規模のものであった。津波は田老地区の一〇メートルの防潮堤を乗り越えて市街地に流入し、田老地区の防潮堤、釜石・大船渡の防波堤は津波により破壊された。三階以上の高さにまで津波は浸水し、「高さ三階

写真1 現在の大船渡市に残る、津波被災の記憶を刻む石碑
（左：昭和三陸大津波1933年［昭和 8.3.3］、右：明治三陸大津波1896年［明治 29.6.15］）

写真2 災害前の宮古市田老地区（撮影：加藤孝明）

以上の鉄筋コンクリート・鉄骨造の建物に避難すれば大丈夫だ」と考えられてきた津波避難対策は、今回の津波被災で根幹から覆された。しかしながら、こういった防災対策が全く役に立たなかったと考えてはいけない。今後の詳細な研究を待つ必要はあるが、津波防波堤・防潮堤は市街地に流入する津波の量・スピードを確実に減らしているだろうし、津波に対する防災意識が高いことは多くの人の命を救ったと思われる。学校の三階まで津波が到達するという被害を受けた釜石東中学校では、この災害前から「自分の命を自分で守った上で、助けられる人から《助ける人》になるため」(2)の取り組みが行なわれており、今回の災害でも隣にある小学校の子供と一緒に避難を行った。釜石市では学校に居た小・中学生の人的被害はゼロである(3)。

この災害から考える必要があるのは「想定超過」に如何に備えるのかということである。防災対策の先進地域であった岩手・宮城県でさえ、今回の巨大地震により二万人を越える人的被害が発生した。また、原子力発電所が大規模なトラブルに見舞われるとは考えられていなかった。自然災害による被害、社会的影響の大きさは、「外力（地震等）」の大きさと「社会の防災力」の関係で決まる。すなわち、どれだけ「地震の規模」が大きくても、「社会の防災力」が大きければ被害、社会的影響は小さい。日本の「社会の防災力」は他の国と比べて大きく、開発途上国では大きな被害が発生する規模の地震であっても、日本においてはほとんど被害が発生していない。しかしながら、「社会の防災力」を上げるためのハード対策には費用がかかる。二百年に一回という確率の大雨でも堤防が決壊しないレベルにまで堤防の安全性を高めることを目的としたスーパー堤防は、事業仕分けの結果、廃止されることとなったことは記憶に新しい。今回の地震は千年に一回という規模の地震であるが、こういった滅多に発生しない事象にどのように備えるのかは難しい問題である。防災の分野ではこういった問題について「許容可能なリスク（Acceptable Risk）」という議論が行われている。どこまでのレベルのリスクについては、ハード対策により被害が出ないように「被害抑止（Mitigation）」）し、どのレベルからは被害を許容した上で、発生した被害をできるかぎり減らす「被害軽減（Preparedness）」ようにするかという議論である。ある一定のレベルを超えた外力については、避難することで命を守り、そして災害後の生活支援、回復を迅速に行うことで対応するのであるが、今回の地震・津波は浸水想定区域を越えて津波が流入し、行政が想定していたソフト対策のレベルも超えた。今回の災害は、「想定超過」の事象であり、想定を超える事態が発生する、という事実をふまえ、どう対処して備えるのか、ということが、今、我々に問われているのである。行政が決めたことを守っていれば、また言うことを聞いておけば大丈夫…。建築について言えば「最低限の性能」を規定する建築基準法を守っておけば安心、ということでは済まないというのが「想定超過」に備えるということなのである。今回の災害は「東日本大震災」であるが、西日本では近い将来、「東海・東南海・南海地震の発生」、「西日本大震災」の発生が危惧されている。今回の災害の反省をふまえ、如何にして「西日本大震災」に備えるのか、すなわち想定外をなくし、それでも避けられない「想定超過」の事態に如何にして備えるのかが、今こそ日本全体において問われているのである。

第③節…東日本大震災とすまい(4)

東日本大震災では公共・商業施設に加え、多くのすまいが失われた。すまいを失うと、とりあえずの雨露をしのぐための仮の宿り、そして仮すまい、を確保するということになる。日本では仮の宿り・すまいの確保については行政の支援があり、その方策は「災害救助法」に定められている。「災害救助法」に基づき、災害で被災した人に「避難所の提供…食事の提供を含む」→「仮住まいの支援：応急仮設住宅の提供、最低限住めるようになるための修理を行う応急修理」という支援が実施される。東日本大震災では、阪神・淡路大震災を越える人数の人々が避難所で生活を送っている。特に福島県では、福島第一原発の重大事故に伴い半径二〇キロメートルの住民に対して避難指示が出され、福島県では原発被害を含め約八万六千人（二〇一一年四月一七日現在）の人々が避難生活を送っており、その避難先は全国に拡がる。仮すまいについては、阪神・淡路大震災後、公的住宅の利用・民間賃貸住宅の空家の借上、最低限住めるようにするための応急修理制度等々、多様な仮すまいのメニューが用意されるようになったが、東日本大震災に関わる応急仮設住宅建設の要望戸数は六万七千戸にのぼっており、阪神・淡路大震災の四九、六八一戸（兵庫県・大阪府）を超え、一〇万戸規模での建設が予想される。

行政による支援が存在するのであるが、ある規模を超える被害となると、この枠組みだけでは被災した人の希望を賄うことができず、阪神・淡路大震災では、応急仮設住宅の建設に時間がかかる、遠くに立地している、といった理由で、自らプレハブ、コンテナさらにはトレーラーハウスを購入して仮住まいを確保するということも行われた。塩崎[5]らの調査によると神戸市内で四、三〇〇戸の自力仮設住宅が建設されたことが明らかになっている。

被災地の「外」に居る人は、被災地の「内」に居る人を、大変な生活をしている、かわいそうな「被災者」というステレオタイプで見る。マスメディアの報道が、さらにそれを助長しているのであるが、これは誤ったモノの見方である。よく考えて欲しいのは、被災地に居る人は私たちと同じ、であるということである。「被災者」とステレオタイプで見るのではなく、自分ならどうだろう、という視点をもって被災した人々や地域を見る目が重要である。しかしながら、避難所で支援を受け、仮すまいの確保については、用意された応急仮設住宅に入居し、被災地の「内」に居る人もだんだんとステレオタイプ的「被災者」の役割に慣れてくる。

そして、支援されることが普通である、というようになっていく。二〇〇四年新潟県中越地震で大きな被害を受けた小千谷市の復興計画策定ワークショップの時に出た意見「被災者根性を捨てる」という言葉が、こういった状況を象徴的に表している。

自力ですまいの確保に関わるということ、自力で仮住まいを確保し建設するということは、この「支援する人」「支援される人」(「被災者」)という構図を完全に覆すものであり、そのことが災害から回復していく上で不可欠なプロセスである。一九九一年に大規模火砕流が発生した雲仙普賢岳噴火被災後のすまいの再建プロセス(6)からも、自分で住まいの再建に関わった人が、災害からの立ち直りが高いことが明らかになっている。今回の災害では未だ発生した自体を「理解する」「納得する」ということの途上であり、被災した人達は、次のことを考える状況にないと思われる。しかしながら、この災害からの回復を達成するためには被災した人々が主役となって地域の再建を進めていくことが不可欠であり、まずその一歩として仮住まいの確保、住まいの再建、生活の再建について自分達が決定することができる仕組みをつくっていくことが重要である。

第④節…地域再建の視点(流動性と地域の生き残り)

今回の被災地域は広域にわたっており、地域ごとに再生のための戦略を決定していく必要がある。津波により甚大な被害を受けた三陸地域は、これまで周期的に津波災害に見舞われてきた地域である。青井(7)は、山口弥一郎という地理学者が三陸海岸の津波災害後の集落移動について調査を行っており、津波災害には高台に移転するが、その後、再び海岸部へと戻っていく、ということ明らかにしている、と言う。これは、本書で述べたパプアニューギニアの事例と同様であり、三陸地域の集落は、災害と共に移動し続けている。今回の災害からの再生に際しても、三陸地域では、高台移転が検討されると考えられるが、漁業を生業と

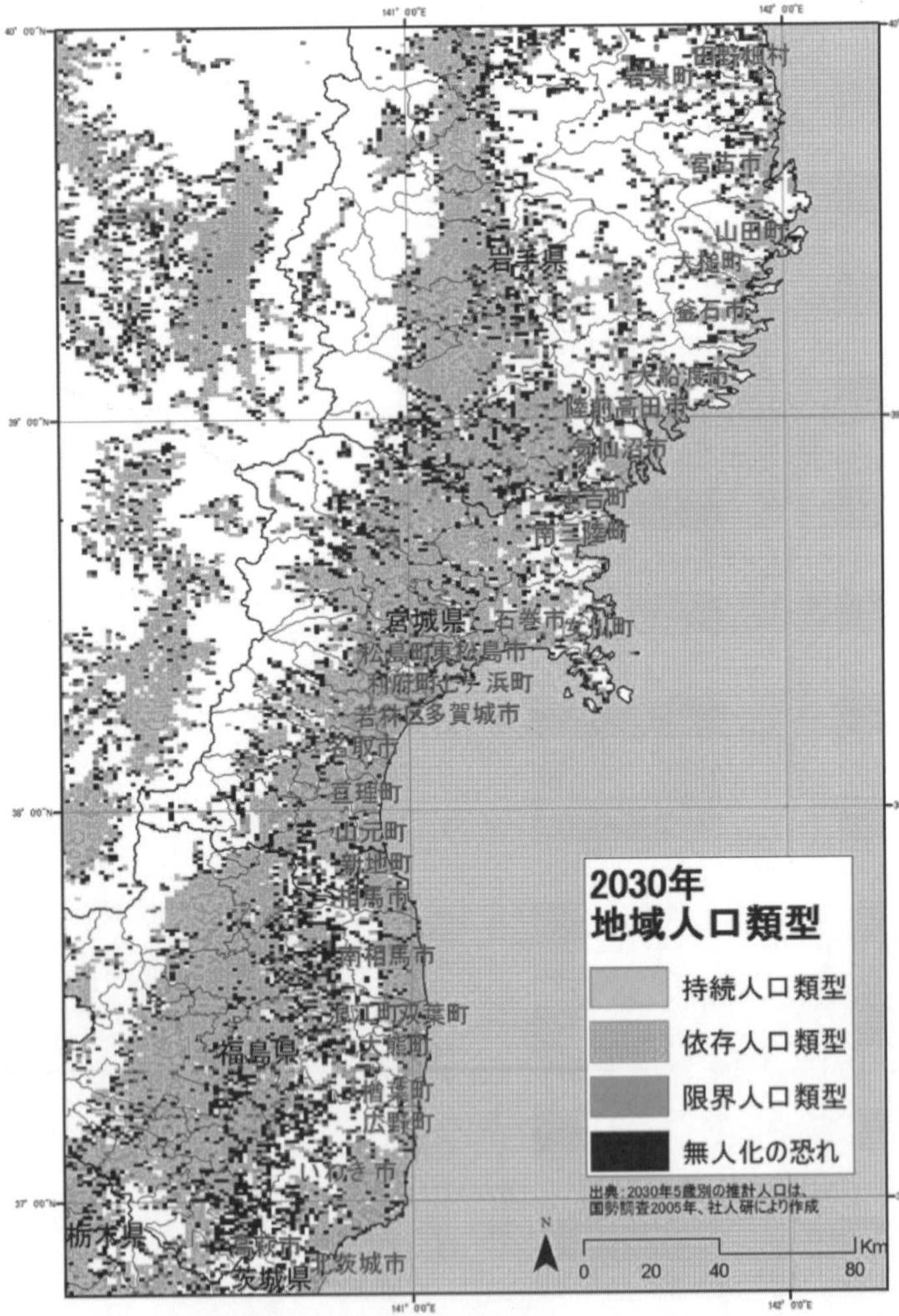

図１　三陸地域の2030年の地域類型（作成：陳　海立）

する以上、海から近い場所に住む方が便利であり、長期的な視点に立つと、いずれ、今回被害を受けた海岸部へも住宅が建設されていくことは避けられない。集落を動かないモノと捉えるのでなく、災害や社会活動と共に移動するものであると捉える必要はある。余震活動による津波災害の恐れがなくなり、さらに海岸堤防の整備が完了することが前提ではあるが、まずは被害を受けた海岸部の地域で仮の再建を行ない、長期的な視点で高台に移っていく、というようなこれまでとは逆のプログラムも、集落が移動し続ける、ということを考えると、検討に値する。仕事がなければ地域に留まっていることはできず、仕事を求めて一旦地域を離れた人は、子供の学校のこともあり、戻ってくることが難しくなる。再建に時間がかかればかかるほど、地域から人は離れていってしまう。この地域は限界集落化が進む地域だと考える向きもあるが、決してそうではない。この地域には若い世代が多く残っており、今回の災害を契機に若い世代が流出することがなければ、二〇三〇年になっても十分維持可能な地域である。いずれにしても、一度整備をしたら、それで安全ということではなく、集落は移動するのだという観点に立った集落の再生計画を考える必要がある。

仙台市内の被害・復旧は一九七八年宮城県沖地震と同様のプロセスで行われると考えられるが、仙台平野から福島県にかけての地域では地盤沈降に伴う湛水被害が発生している。巨大地震に伴う地盤沈降・湛水被害は、南海地震のたびに高知市で発生しており、最も古い記録は白鳳の南海地震（六八四）にまで遡る。日本書記に「土佐国田苑五〇万余頃没為海」(8)とあり、白鳳南海地震により高知市東部が水没したことの記録とされる。その後も宝永南海地震では「高潮は三年を経て治定せし…」、安政南海地震では「浦戸港内、地潮より三尺四､五寸高となり城東新町下知一圓海となる」とあるように、南海地震ごとに高知市は地盤沈降と湛水被害に見舞われてきた。一九四六年一二月二一日午前四時一五分に発生した「昭和南海地震」でも高知市は地盤沈降と津波に伴なう長期湛水被害に見舞われ、近い将来に発生すると予測されている「東海・東南海・南海地震」でも、長期湛水被害の発生が予想される。昭和南海地震の際は水田であった地域も、現在は市街地化されており、高知市の中心市街地が湛水することに対してどのように備えるのかが大きな問題となっている(9)。湛水被害が発生した場合、「堤防仮締め切り」→「湛水した水の排水」という対策が先ず必要となる。地震によるものではないが、近年の湛水被害の事例としては二〇〇五年ハリケーン・カトリーナによる事例がある。ニューオリンズ市域では途中で再度ハリケーンに見舞われるということもあったが、排水完了までに四三日間を要した。長期的に見ると、プレート運動により発生した沈降は徐々に元の高さへと戻っていくのであるが、沈降被害が発生した住宅地では、地盤沈降に伴い水害に見舞われやすくなっていることをふまえた対策が必要となる。

福島県の原子力発電所の重大事故による「終わりが見えない災害」という事態は、火山噴火災害に似ている。一九九〇年に噴火活動が始まった雲仙普賢岳の噴火活動が収束したのは六年後の一九九六年のことであり、一九九六年を復興元年と位置付けている。その間、いつ収束するかも知れない噴火活動と共に生活を送り、火砕流・土石流による被害が予想される地域は災害警戒区域として原子力発電所の二〇キロメートル圏内と同様、立ち入りが禁止された。警戒区域に設定された地域の住民は、自宅、農地・仕事場の被害の有無に関わらず、避難所、さらには応急仮設住宅での生活を余儀なくされた。また災害からの復興に際しては、土石流の発生の恐れがある水無川について大規模な堤防改修が行われ、土石流に埋まってしまった集落は新たな場所へと移転が行われた。

まだまだ収束が見えない状況ではあり断定的なことは言えないが、福島県の原子力発電所の事故に伴う地域の再生においても、原子炉について放射能を出さないための対策を十分に実施する必要があるだろうし、

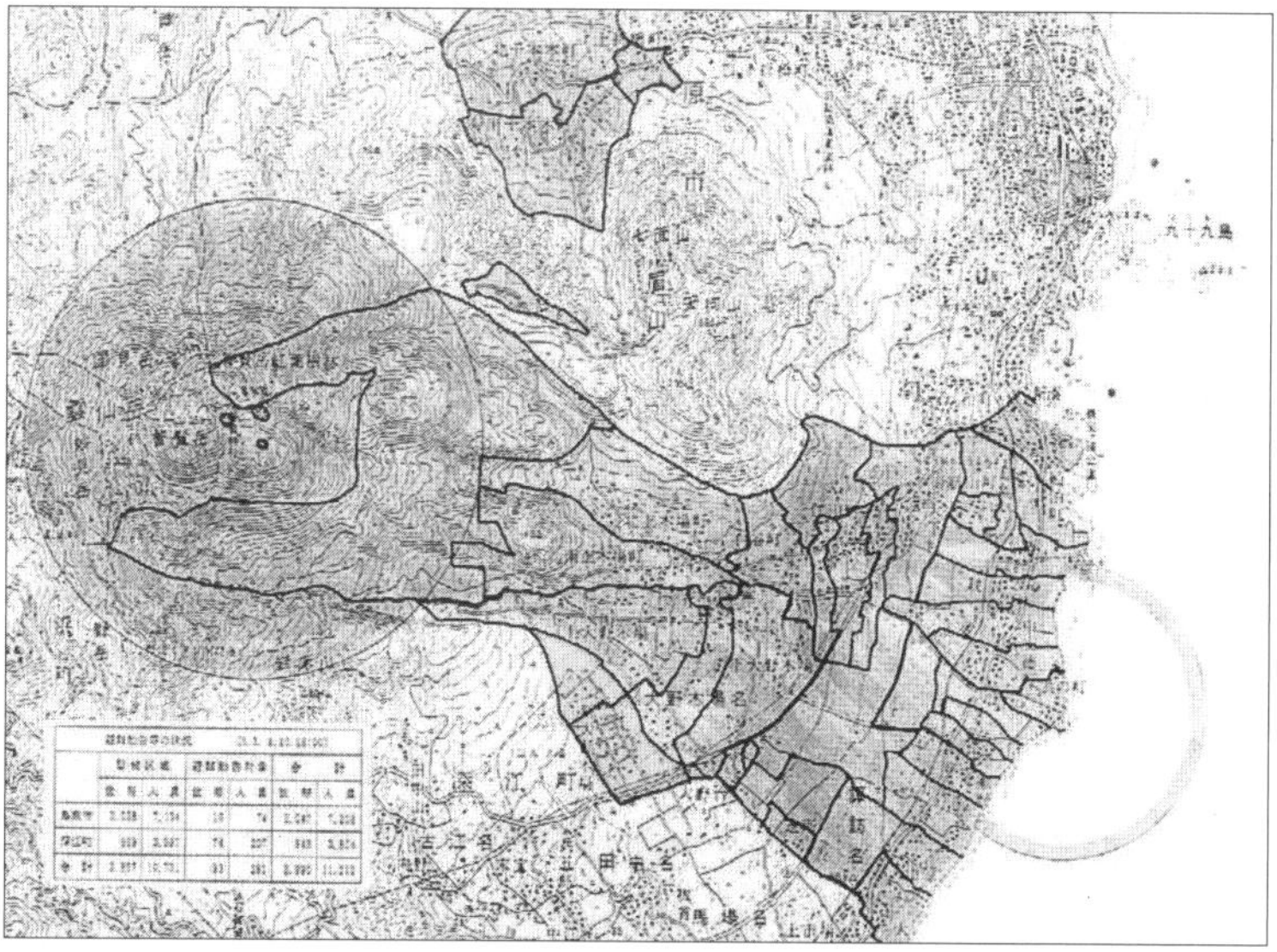

図2　雲仙普賢岳噴火災害に伴ない設定された警戒区域（出典：長崎県、1993）[10]

さらに放射能の汚染レベルの高い地域については、一時的ではあるにせよ居住移転を、地元行政機関が中心になって検討する必要もあると考えられる。

「東日本大震災」により首都圏は長周期地震動による石油コンビナートの火災、超高層ビルでのエレベーターの停止、帰宅困難者の発生という被災後の人々の行動として「想定内の」事態に見舞われた。首都圏は東海・東南海・南海地震では今回と全く同じ事態が発生することが予想される。今回の事態をふまえて長周期地震動に対する対策をより充実させる必要がある。

二十世紀を戦災の時代であるとするなら二十一世紀前半は地震災害の時代となる。日本を襲う巨大地震は今回だけで終わりではなく、南海トラフを震源とする地震が今世紀前半に発生することがほぼ確実視されており、「西日本大震災」と呼ぶべき災害が発生することが危惧されている。もし「西日本大震災」が発生すれは、今回岩手・宮城・福島県で発生している津波被害に加え、直下に震源域をもつ静岡県では、阪神・淡路大震災と同様の地震動により構造物が倒壊するような被害も予想され、原子力災害については不明であるが「東日本大震災」+「阪神・淡路大震災」といった様相を呈することが予想される。日本は二〇〇四年をピークに人口減少社会へと転じている。今回の災害をふまえ、第二次世界大戦後、成長拡大を続けてきた日本の開発を見直し、二酸化炭素を出さない・環境と共生する、より「グリーン」な社会、より「安全・安心」な社会へと転換する必要がある。また、これまで述べてきたように、災害に見舞われた人々は「生活拠点」そのものを移動せざるを得ない。災害に見舞われれば移動するのだ、ということを予め建築のプログラムの中に組み込んでおけば、災害後に移動することを当然のこととして受け入れることができる。その場合、「持家」というシステムが日本において適当な住宅の所有形態なのかということについて再検討する必要がある。いずれにしても、この災害は、日本の建築文化が大きく変化を遂げ、自然災害が少なかった高度成長期に新たに産み出された建築に対する、これまで抱いてきた、すまいに対する「さまざまな幻想」を打ち砕いた。

今回の災害について「復興」という言葉が使われているが、「復興」という言葉には高度成長時代のイメージがつきまとう。この災害からの回復については「復興」よりも、生まれ変わるという意味で「再生」という言葉が適切である気がしている。この災害を、高度成長期・バブル期を経て大きく変化した日本の建築を、商品として購入するのではなく、また専門家任せにするのではなく、生産活動に自らも責任をもつ、消費財としてではなく長く使える良質なストックとして整備し、「所有する」のではなく必要に応じて移動し「利用する」システムをもつ『定常状態』の建築へと「再生」する転機とする必要がある。そして、専門家を含めて、与えられた「すみ方」からまさに自らの「すまい方」を見つめ直すことの、新時代への変革期の到来なのではないだろうか。

【第7章補注】

(1)本章の第①節、第②節の内容は、牧　紀男、「地震活動期の建築・すまい―東日本大震災を経験して―」、ATプラス、太田出版が初出、2011

(2)防災教育チャレンジプランホームページより

(3)河北新報記事「釜石市の小中九校　避難一、八〇〇人全員無事」(二〇一一年三月二八日)

(4)本節の内容は牧　紀男、「災害と建築境界―東北・関東大震災―」(建築雑誌六月号、二〇一一年)に、加筆・修正したものである。

(5)塩崎賢明他、「震災後一〇年間の自力仮設の継続・消滅状況：阪神・淡路大震災における自力仮設住宅に関する研究」(その5)、日本建築学会計画系論文集、No.603、pp.81-87、2006

(6)三浦　研、牧　紀男、小林正美、「雲仙普賢岳噴火災害に伴う災害復興住宅への生活拠点移動に関する研究：自然災害を起因とする環境移行研究　その1」、日本建築学会計画系論文集、No.465、pp.87-96、1996

(7)青井哲人、牧　紀男、「10+1」座談、http://10 plus 1.jp/serial/geja/2/

(8)宇佐美龍夫、『新編日本被害地震総覧』、東京大学出版会、p.434、1996

(9)牧　紀男、陳　海立、馬場俊孝、澤田雅浩、鈴木進吾、佐藤栄治、能島暢呂、「長期湛水被害からの災害対応、復旧対策の基礎的検討―南海地震による高知市を事例として―」、地域安全学会論文集、No.13、pp.195-202、2010

(10)長崎県、雲仙岳災害、島原半島復興振興計画、p.150、1993

資料編

東日本大震災——一カ月後の被災状況（2011.4.8～4.24）

●牧　紀男（*photo. by Norio Maki*）

[宮城県] 仙台市・名取市（仙台空港）エリア

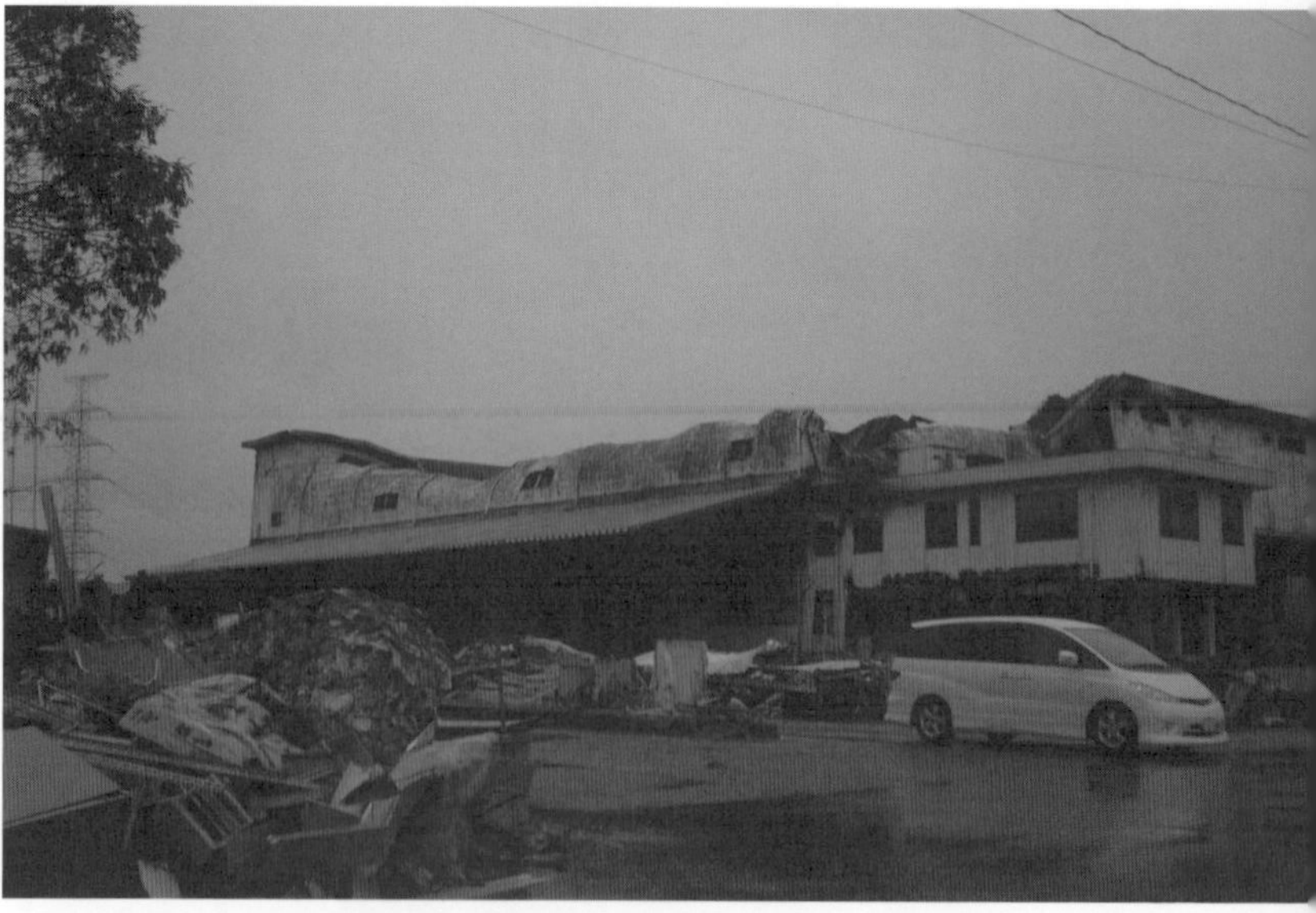

[宮城県] 仙台市（仙台港）エリア

［宮城県］仙台市・若林区エリア

［宮城県］東松島市エリア

[宮城県] 石巻市エリア１

［宮城県］石巻市エリア２

［宮城県］女川町エリア

［宮城県］南三陸町エリア

［岩手県］陸前高田市エリア

［岩手県］大船渡市エリア

[岩手県] 釜石市エリア

［岩手県］大槌町エリア１

［岩手県］大槌町エリア２

［岩手県］大槌町・吉里吉里エリアＡ

［岩手県］大槌町・吉里吉里エリアB

［岩手県］山田町エリア

［岩手県］宮古市田老エリアA

［岩手県］宮古市田老エリアＢ

［岩手県］宮古市田老エリアＣ

［岩手県］宮古市田老エリアＤ

［岩手県］宮古市田老エリアE

謝辞

いわゆる「防災」ではなく、「災害」について、その分野の研究に携わるようになってから、二〇年近くが経過した。研究者というと学部・修士・博士と同じ研究テーマを扱うイメージがあるが、私の場合、学部と修士と博士の指導教官はそれぞれ異なっている。別に喧嘩別れをしたわけでなく、「そうなってしまった」のだ。学部では、建築史の研究室に所属し、特に藤澤彰先生には、厳密に資料を取り扱うことの重要性を教えていただいた。修士課程では、布野修司先生に東南アジアでのフィールドで現場を歩く「あるく・みる・きく」ことを教えていただいた。なぜか博士課程では、小林正美先生の指導を受けることになったのである。今にして思えば、ある懇親会での小林先生との出会いがなかったならば、「災害」の研究を行うということはなかったのでは、と思う。小林先生には「研究フレームをとことん詰める」ということを学んだ。小林先生の「災害」、布野先生の「インドネシア」ということで、インドネシアで災害調査を行うようになったのが、「災害」の研究をするようになったきっかけであり理由でもある。もう一つの転機は、一九九五年一月に遭遇した、阪神・淡路大震災である。阪神・淡路大震災がなければ「防災」の研究を行うことはなかったとも思える。

「災害」に加えて「防災」ということについて教えていただいたのは林春男先生である。林先生には厳密なデータの取り扱いについて教えていただいたが、不肖の弟子でこの本はあまり林先生好みではないかと思う。「災害」および「防災」の研究は、事実、本当に学際融合的で多岐にわたる領域であり、人類学・地域研究・理学・工学の分野の先生方から、さまざまな事項について教えていただいた。それから本書、第六章の内容については、陳海立先生との共同研究によるものでもある。なお、この本をまとめるにあたり、鹿島出版会の頃よりお付き合いのある安曇野公司の小田切史夫氏に大変お世話になった。また執筆に関してご協力いただいた各方面の方々に対し、改めて感謝の意をここに記すとともに、これまでお世話になったいろいろな方々にも謝意を表したい。

二〇一一年三月一一日に発生した「東日本大震災」は、我々研究者にとっても、本当に大変な災害であることの再認識はもちろんであるが、復旧をはじめとして、ある程度の時間はかかると思われるが、もちろん地域の再生は可能である。そして「東日本大震災」からの回復、さらに予想される「西日本大震災」への予見と共に、被害を減らすためにはいかにしてその研究対応に取り組むべきか、今後ともできるかぎり努力してゆきたいと思う次第である。最後になったが、災害調査に快く送り出してくれた妻・千賀子、娘・萌子に感謝したい。

二〇一一年四月三〇日　黄檗の研究室にて

牧　紀男

著者略歴

牧　紀男 Maki Norio

一九六八年　京都市生まれ
京都大学工学部建築工学科卒、京都大学大学院工学研究科建築学第二専攻修士課程修了、日本学術振興会特別研究員
京都大学大学院工学研究科環境地球工学博士課程単位取得退学
京都大学大学院工学研究科環境地球工学専攻　助手
京都大学工学研究科博士(工学)
理化学研究所地震防災フロンティア研究センター、防災科学技術研究所地震防災フロンティア研究センター勤務
この間、京都大学大学院工学研究科非常勤講師
カリフォルニア大学バークレー校客員研究員、防災科学技術研究所地震防災フロンティア研究センター(チームリーダー)を経て、
現在　京都大学防災研究所巨大災害研究センター准教授

共著　『組織の危機管理入門―リスクにどう立ち向えばいいのか』(京大人気講義シリーズ)丸善(2008)
『はじめて学ぶ都市計画』市ヶ谷出版(2008)

邦訳　ロバート・クローネンバーグ著『動く家―ポータブル・ビルディングの歴史』鹿島出版会(2000)

災害の住宅誌―人々の移動とすまい

発　行　二〇一一年六月二〇日　第一刷
　　　　二〇一一年八月二〇日　第二刷

著　者　牧　紀男
発行者　鹿島光一
発行所　鹿島出版会
〒104-0028　東京都中央区八重洲二―五―一四
電話〇三―六二〇二―五二〇〇
振替〇〇一六〇―二―一八〇八八三

出版プロデュース　安曇野公司
デザイン&DTP　石原　亮
印刷・製本　壮光舎印刷

Housing Monograph of Natural Disaster
by Norio Maki ©2011

ISBN978-4-306-09412-3 C3052 Printed in Japan

本書の内容に関するご意見・ご感想は下記までお寄せください。
URL : http://www.kajima-publishing.co.jp
E-mail : info@kajima-publishing.co.jp